ケインズの大遺産

財政・金融・通貨政策の源流

石山嘉英［著］

はじめに

ケインズという名の予言者のような経済学者がいた。一八八三年生まれで、一九四六年には死去している。その名は誰でも知っているだろう。

ケインズは一九三六年に出版された『雇用・利子および貨幣の一般理論』の著者としてもっともよく知られているが、それ以外にも多くの著作と論文で知られていた。経済学者ではあったのだが、公務員、思想家、文明批評家、ジャーナリスト、国会議員でもあった。

その経済思想が、現在再び見直されているように思われる。それはなぜか。

ケインズは、財政・金融・通貨政策において、多くの独創的な考え方を生み出した。つまり、これらの分野において、現在多くの国で行われている政策の源流ともいうべきアイデアを生み出した。それは現在の政策的混迷の中で回帰すべき源流、原点ではないのかという感じをもつ人が増えているのではないだろうか。

いま世界的に、経済の長期停滞の疑いが出始めているようである。停滞は一時的かもしれず、長期と言えるのかどうかははっきりしないが、長期化していることは確かであろう。その中で、各国は、財政政策の役割については迷っており、また、金融政策については量的緩和とかマイナス金利のような非伝統的な政策をとらざるを得なくなっている。国際通貨についても、政策の原則が何であるのか、座標軸が見えなくなっているように思われる。

これらの問題について、根底から考えた人がケインズであった。ケインズの著作や論文を読んでみると、多くのアイデアがすでに七〇年、八〇年前に提示されていたことがわかる。驚くべきことに、それらのアイデアは現在でも古くなっていないのである。そこで、ケインズをもう一度よく見直そうという気持ちになるのである。

本書は、ケインズの考えたことを、できるだけケインズの言葉にしたがいながらとらえようとするものである。ケインズについてはすでに多くの解説書が書かれているが、二一世紀の現在の世界と日本のおかれた状況の中で、もう一度見直してみようというのが本書である。ケインズの生の声をできるだけ伝えるため、ケインズの著作からの引用を多めにした。ただし、筆者なりの解釈もできるだけ盛りこむ努力を行ってみた。

現在の財政・金融・通貨政策を根本から考えるために本書がわずかでも役に立つことを願っている。

本書の出版については、財経詳報社の宮本弘明氏にたいへんお世話になった。ここに記して感謝の意を表したい。

平成28年9月

石山　嘉英

目次

第一章　どんな人物だったのか

時代の常識との闘い

かつて、ケインズ（John Maynard Keynes）という名の予言者のような経済学者がいた。まちがいなく、二〇世紀を代表する偉大な経済学者だったと言って差し支えない。

ケインズについてはすでに多くの解説書が書かれているが、二一世紀に入った現在の視点から見て、また世界の変化から見て、ケインズを再考してみる意味が出てきたようだ。現在の世界では、ほとんどの国が低い経済成長と経済格差の拡大に苦しんでいる。また、政府債務が大きくなっている。国々の対立は終わらず、内戦と難民の問題も大きくなっている。さらに、テロリズムの横行も目立っている。これらの問題はむかしからあるが、むき出しの格差、対立がのし歩くようになったことが最近の特徴だ。とくに考えねばならないのは、グローバル化にともなうデフレ傾向ではないか。そこで筆者はときどき考える。ケインズだったらこれらの問題をどのように診断し、どんな処方箋を書いただろうか、と。

ケインズは、もちろん著名な経済学者ではあったのだが、同時に、世界のできごとに発言するジャーナリストであり、財務省に勤務した公務員であり、鋭い文明批評家であり、思想家・哲学者であり、保険会社の取締役であり、政治家への政策アドバイザーであった。晩年には財務省へ高官として戻ったが、これは第二次世界大戦後の国際通貨体制を設計するための国際的協議（米国とイギリスが主導した）にイギリス代表として参加するためであった。また、一九四二年には叙爵され、イギリス上院に議席を得た（自由党員として）ので、政治家にもなった。つまり、ケインズは「ルネサンス人」だったのである。

ケインズは新しい経済学をつくり出し、予定調和的な古典派の経済学を根底から批判した。この新しい経済学は、自由放任によって危機に陥っていた一九世紀以来の資本主義を政府が管理する二〇世紀の資本主義に転換するほど力をもっていた。ケインズの経済学は、荒削りなものではあったが、二〇世紀に入ってからの世界経済と資本主義の変質をとらえ、不況や失業の問題を緩和する手段を提供した。その意味で、資本主義の救い主だったと言っても過言ではないだろう。

ケインズの書物、論文、メモ、手紙などは、いまや『ケインズ全集』(全三〇巻)として、イギリスの王立経済学会の編集により、マクミラン社から出版されている(日本ではその翻訳が東洋経済新報社から発刊されている)。これらを読めばほぼケインズのすべてがわかるが、もちろんすべてを読まなくてもよい。主要な著作二、三冊を読めば十分だろう。しかし、できれば、主著『雇用・利子および貨幣の一般理論』(一九三六年刊)、『貨幣改革論』(一九二三年刊)、『説得論集』(一九三一年刊)を読んでみたい。『一般理論』は岩波文庫に入っているので、簡単に手に入る。

とはいえ、本書はケインズをかなり引用しているので、本書によってすくなくともケインズの精神はつかめるはずである。原典を読まなくても、ケインズの精神、思想がわかるように説明していきたい。なお、多くのケインズの解説書の中では、伊東光晴教授の『ケインズ』(一九六二年刊、岩波新書)と中央公論社の世界の名著シリーズ『ケインズ　ハロッド』の中の解説論文「ケインズの思想と理論」が非常に優れている。

ケインズの経済学がどのような意味で新しかったのかはこれから説明していきたいが、ひと口で言うと、いまでは常識となっているような政府と中央銀行の政策がケインズの生きていた時代にはまったく常識ではなかったのである。たとえば、失業を公共事業によって減らすという政策は効果がないというのが常識となっていた。また、一九三〇年代までは金本位制が望ましい国際通貨制度だというのが世界の常識であった。ケインズは、一生をかけてこのような時代の常識、通念と闘い、常識をくつがえした人であった。

現在、世界が答えを求めている問題は、ケインズの時代のそれと同じものもあるが、新しく現れてきたものもある。だから、ケインズが示した処方箋をそのまま実行すればいいというものではない。繰り返しになるが、現在の世界の問題に対して、いま政治経済学は新しい枠組みを打ち出さねばならないとは言えるだろう。ケインズは必ず目前の問題から出発したが、ケインズの問題のつかみ方、答えの出し方は現在を生きるわれわれにも多くのヒントを与えているように思われる。もし常識、通念が古くなっているなら、それと闘う必要があることは現在もケインズの時代も同じである。問題の所在を的確にとらえることがまず第一であるが、それを行うのは直観力であろう。ケインズのまわりにいた人々は、ケインズの直観力は恐るべきものであったと言っている。

若き日々

ケインズは一八八三年六月五日に生まれ、一九四六年四月二一日に死去した。享年六二歳であるから、長い人生とは言えない。しかし、われわれに多くの知的遺産を残してくれた。

ケインズの生い立ちは非常に恵まれていた。父親はジョン・ネヴィル・ケインズであり、ケンブリッジ大学を卒業して母校の経済学講師となっていた。教授にはなれなかったが、一流の学者だった。母親フローレスもケンブリッジ大学の卒業生で、のちにケンブリッジ市の市長になった女性である。ケインズにはひとりの弟とひとりの妹がいる。生家はケンブリッジ市のハーヴェイ通り六番地にあった。

ケインズは、名門のイートン校を卒業したあと、一九〇二年に一九歳でケンブリッジ大学のキングズ・カレッジに入学し、一九〇五年に卒業している。このケンブリッジ大学という環境がすばらしかった。なぜなら、大経済学者であったマーシャルとピグーがまだ活躍しており、ケインズは彼らから直接教えを受けることができたからである。マーシャルとピグーは古典派経済学者と呼ばれる存在だった。

のちに、ケインズは古典派経済学者としてのマーシャルとピグーを容赦なく批判している。これはやむを得ないことであったが、ケインズには人間関係において冷酷な一面があったと言えないこともない。

じつは、ケインズは大学で本格的には経済学を学んでいない。彼が専攻したのは数学と哲学であった。ケインズは、数学の論理思考と新聞から得られる現実世界の知識さえあれば、経済分析はできると考えていた。たいへんな自信である。

しかし、卒業試験を数学で受けたケインズの成績はよくなかった。二四人中の一二位で終わったのである。これはケインズにとってきわめて不本意であっただろう。マーシャルはケインズに経済学者になることを勧めたが、ケインズは高等文官試験を受けることを選択した。この試験は難関であり、とくに財務省に入省するのは試験で第一位になったひとりだけという仕組みになっていたのである。ケインズはもちろん第一位をめざして勉強したのであるが、結果は第二位であった。そこでケインズはやむなくインド省に入った（一九〇六年一〇月）。ケインズという優秀な学生がいるという評判はあったのだが、評判どおりにはいかなかった。ともかく、ケインズが公務員をめざしたことは、彼が国家、国民に奉仕しようとする気持ちをもっていたことの証明だったと見てよい。

このころのケインズは、さらにもうひとつの挫折を経験している。インド省に勤務するかたわら、論文を書いてケンブリッジ大学のフェローになろうとしたのであるが、論文が不合格となり、すぐにはフェローになれなかったのである。フェロー申請論文のテーマは確率論であり、これはのちに『確率論』として出版される（一九二一年）ほどレベルの高いものであったが、一九〇八年に提出された論文に対して、審査を担当したホワイトヘッドが不合格の判定を出したのである。しかし、ケインズはどうしてもフェローの地位に就かねばならないと考えた。そこで一九〇九年に書き直したものを再提出した。今度は合格であった。こうしてケインズはキングズ・カレッジのフェローとなったので、それ以後は金融論の講義と学生の指導を週に二回担当することになった。

なお、ケインズはインド省を一九〇八年に辞職している。仕事には必ずしも満足できなかったようである。そしてケインズは、一九一五年一月に財務省に入省している。それまではケンブリッジ大学での研究生活に集中したが、やはり財務省で金融問題を担当したいという希望は強かったと思われる。

学生時代のケインズは、個性的な友人たちに恵まれた。政治問題を討議する「学生ユニオン」の会長に選ばれて、学生たちのリーダーとして活躍した。また、長い伝統をもつ「ザ・ソサエティ」という哲学クラブに入り、そこでもリーダーとなった。さらに、「自由党クラブ」の会長にもなった。これでわかるように、ケインズの政治的立場は自由党であり、リベラルであった。

「ザ・ソサエティ」はメンバーを限定したクラブであったが、そこに参加していた人々はほぼそのまま、一九〇七年に「ブルームズベリー・グループ」をつくった。これも私的なクラブである。ブルームズベリーとは、ロンドンの大英博物館近くの街区であり、そこにケインズの友人の家があったので、グループは定期的にこの家で会合をもつようになった。このグループのメンバーは、ケインズのほか、リットン・ストレイチー（伝記作家）、レオナード・ウルフ（作家ヴァージニア・ウルフの夫）、クライヴ・ベル（作家）、ダンカン・グラント（詩人）などである。

「ザ・ソサエティ」と「ブルームズベリー・グループ」はケインズの若き日々のハイライトであり、ケインズの社会哲学はここで形成されたと言ってよい。その社会哲学がどんなものであったかを知ることは、ケインズの人となりを知るために不可欠だろう。

ケインズ自身が、それを「若き日の信条」という印象的な文章で説明しているので、それを引用してみよう（この表題のエッセイは一九三三年に刊行された『人物評伝』初版の中には収録されていないが、のちの増補版には収録された。）。ケインズは、ムーア（ケインズの学生時代の倫理学教授――筆者）の『倫理学原理』（一九〇三年刊）にふれながら、次のように書いている。

われわれに対してこの書物が与えた影響と、出版の前後して行われた議論とは、もちろん、他の何物にもまして圧倒的な重要性を有していた。そしておそらくいまもそうであろう。われわれは信条によって行動が左右される年頃であった。……当時形成された物の感じ方の習性は、いまなお顕著な形で生き残っている。この感じ方の習性、われわれ大多数に影響を与えたこうした習性こそ、このクラブを一個の集団たらしめ、その他の人々からわれわれを隔絶させているものにほかならない。

われわれはいわばムーアの宗教を受け容れて、彼の道徳を捨てたのである。じつは、われわれの考えでは、彼の宗教の最大の利点のひとつは、それが道徳を不要なものにしたことにあった。――この場合「宗教」とは、自分自身と絶対者とに対する人の態度のことであり、「道徳」とは、外部の人間……に対する人の態度のことである。

これはいささかわかりにくいが、宗教とは善であること、善であることとは愛、美、真理を追求することであるとされている。これがブルームズベリー・グループの信条であり、ケインズたちは富、権勢、成功という世俗的な価値にはまったく関心がなかったというのだ。

これはこれで若者らしい。しかし、ジコチュウな人間の集団だったかもしれない。「道徳」を捨て、社会の一般的ルールを拒否するということは、伝統や慣習の無視につながる。それでは社会で生活していくことがむずかしくなる。そこで、ケインズは次のような反省の文章も書いている。

われわれには、事物に対しても人間に対しても、尊敬の念がまったく欠けていた。生活の秩序づけのために果たした、先人たちの並々ならぬ業績（いまの私にはそのようなものに思われる）とか、この秩序を保つために彼らの創案した精巧な仕組みを、尊重することなど、思いも及ばなかった。……われわれは、われわれ自身の人間性をも含めて、人間の本性というものを完全に誤解していた。われわれが人間の本性に合理性を帰したために、判断ばかりか、感情の浅薄さをも招いたのである。

ケインズがこの文章を書いたときは五五歳になっていたから、これだけ率直な反省ができたのであろう。合理主義だけで世界が割り切れるものではないことを理解したことが感じられる文章である。

「若き日の信条」は妙なことがきっかけで書かれた。『チャタレー夫人の恋人』で有名な作家のD・H・ローレンスが、ケンブリッジを訪問したとき（一九一四年）、彼はケインズのグループと遭遇した。グループはローレンスを仲間に引き入れようとしていたようであるが、まったく失敗に終わった。『人物評伝』の中でデイヴィッド・ガーネットという作家（ケインズとロレンスの共通の友人だった）が説明しているところによると、ローレンスは、ケインズのグループ、とりわけケインズを嫌悪したというのである。

ローレンスは、モレル夫人（グループのメンバー）への一九一五年の手紙の中でケインズ・グループについて述べる。「この若者たちが喋るのを聞いていると、本当にどす黒い憤怒で身体中が一杯になるのです。彼らは止めどもなく喋ります、ただ止めどなくです。しかも絶対に、ろくなことは言いません。……こんな手合いはもう真っ平です」また、ガーネットへの一九一五年の手紙の中で述べている。「君の仲間のダンカン・グラントやケインズやビレルのことを考えると、ぼくは気が狂いそうになる。……あの朝、ケンブリッジでケインズと会ったとき、それはぼくの人生における危機だった。精神的な苦痛と敵意と憤怒とでぼくは気が狂いそうだった……」ガーネットはのちに自分の回想記でこのことを書いた。これがきっかけで、ケインズがずいぶんあとになって「若き日の信条」を書いたのである。

ローレンスがこれほどまでにケインズのグループを嫌ったのは、グループがいかにも貴族的・特権的に見えたからだろう。ローレンスは労働者階級の出身であった。彼にとってはケインズのグループ、あるいはケンブリッジは、まったく手の届かないものであり、だから嫉妬と嫌悪を感じたのだろう。

ケインズは、ローレンスが感じたものの中に何か真実のもの、正しいものがあっただろうかと自問し、「だいたいにおいてあったと言える」と書いている。これもケインズの反省である（ケインズがこのエッセイを書いたのは一九三八年であるが、『回想録二編』という書名で一九四九年、もうひとつのエッセイとともに出版された）。

ヴェルサイユ平和条約の弾劾

ケインズの前半生において最大の問題となったのは、第一次世界大戦の戦後処理である。

ケインズが財務省に入省した一九一五年は、ドイツ帝国、オーストリア・ハンガリー帝国がフランス、イギリス、米国、ロシアなどの連合国と戦った第一次世界大戦のさ中である。世界は激動していた。この大戦は、一九一八年一一月一一日にドイツの敗戦によって終結し、一九一九年六月にパリ郊外のヴェルサイユ宮殿で平和条約（ヴェルサイユ条約）が調印された。ケインズのこのころのポジションは、二人の財務次官に次ぐ次官補だった。

この平和条約は戦争で荒廃したヨーロッパを再建し、永続的な平和をもたらすものだったのかというと、全然そうではなかった。条約調印までの約半年間はパリで多くの会議が開かれたが、ケインズはイギリス代表団の一員としてそこに参加した。そして、調印の直前に抗議の辞職をすることになる。ケインズの財務省勤務は四年ほどで終わった。このとき、ケインズは三六歳になっていた。なお、パリ平和会議のイギリス代表団の首相は当時の首相ロイド・ジョージ（David Lloyd George）である。

ケインズが闘ったのは、「ドイツが戦争をおこしたのだから、二度と立ち上がれないように賠償を搾り取るべきだ」という戦勝国側の常識である。フランスやベルギーでは、懲罰的な賠償を課すべきだという世論が強く、イギリスの世論もそれに近かった。しかし、ケインズの判断は、「ドイツから法外な額の賠償はとれない、もしとろうとすればヨーロッパは破滅するだろう」というものであった。ドイツが巨額の賠償を払うためには、ただ国内で税を集めればいいというものではなく、巨額の貿易黒字を出さねばならない。そのためには、ドイツは国内で賃金を大幅に下げ、輸出価格を下げねばならない。これはヨーロッパの貿易関係の均衡を破壊するだろうとケインズは考えた。

ケインズは、財務省辞職から約半年あとの一九一九年一二月、論争の書『平和の経済的帰結』を出版した。この本は世界的に異常な反響を呼び、たちまちベストセラーになった。これによって、ケインズは一躍世界的なセレブとなり、論壇の中央での活躍が始まったのである（もちろん、多額の印税も手にした）。これ以降、ケインズの名声は確立し、そして数々の論争をまきおこすことになる。現在から見れば、ヴェルサイユ条約ははるか歴史のかなたのできごとであるが、ケインズが提起した問題と分析法は現在も古くなっていない。この書物の主張は第二章で紹介する。

ドイツに巨額の賠償を課すことへのケインズの批判には、彼の合理主義があざやかに表れている。経済的には、戦後のドイツは疲弊しており、巨額の賠償金を払うだけの能力はなかった。連合国間の意見の不一致によって、条約の中には賠償額についての規定は盛りこまれなかったが、天文学的な額がとりざたされていた。ケインズは単純にドイツの支払い能力の低さを論拠にしたのではなく、ヴェルサイユ条約にある「連合国ならびに協同国がドイツと交戦していた期間中に、これらの国の民間人とその財産に対して加えられた損害に対して、ドイツは補償を行う」という規定にしたがって、この損害額を計算し、それを論拠とした。（協同国とは一九一七年四月に参戦した米国のことである。）この規定は、明らかに連合国の戦費を含んでいない。戦費を含まないことは、連合国・協同国を代表して米国大統領ウィルソン（Thomas Woodrow Wilson）がドイツに通知した休戦条件（一一月五日）に述べられていた。ところが、条約の付属書には、戦時中に連合国政府が応召者の家族に支給した別居手当と現在および将来に戦闘員の死傷に関して支払う恩給が損害額として含められていた。ケインズが批判したように、これは明らかに戦費となる項目の算入である。

ケインズが条約の規定にもとづいて計算したドイツが払うべき賠償額は四〇〇億金マルクであった。これに対して、一九二一年五月の連合国最高会議（ロンドン）が決定した賠償額は一三二〇億金マルクであった。ヴェルサイユ条約の発効は一九二〇年一月であったが、これとともに連合国は賠償委員会を立ち上げ、そこにドイツの出席も認められたが、各国の要求額を集計するとこの金額になったのである。連合国側は強鞭であり、ドイツがこの要求をのまなければルール地方を占領すると脅したので、ドイツはやむなく受け入れた。（じっさいに、一九二三年一月にはフランス軍がルール地方に進駐した。）

一三二〇億金マルクは、一九一三年のドイツの国民所得四一〇億マルク（ケインズ『条約の改正』（一九二二年刊）による）とくらべると三倍強であり、すさまじい額である。敗戦による一三パーセントの領土の喪失を勘定に入れると、ドイツの国民所得は三五七億マルクとなるが、賠償額はその三・七倍にもなる。一見して法外な額であることは明らかである。

ここで、「金マルク」とは、大戦前のドイツの金本位制の単位である。ドイツが金本位制を採用したのは一八七三年。このとき以来、ドイツでは純金一オンスが八七・一八マルクという公定価格が決められ、誰でもこの価格で中央銀行と金の売買ができるようになった。これは一マルクが〇・〇一一四七オンスの金と等価であることを意味し、この金兌換のできるマルクを金マルクという。もちろん、大戦後のドイツは金と交換できないマルク紙幣を大量に増発し、紙幣マルクの価値はどんどん下がっていった。このような国から賠償金をとるためには、紙幣マルクでなく、金価値の裏付けがある金マルクでその額を定める必要があった。

ケインズは巨額の賠償がヨーロッパ経済を破壊するとみて批判したわけであるが、彼にはもうひとつの懸念があった。ドイツの政治情勢である。大戦が終わるころから、ドイツには極左運動と極右運動の同時的な高まりがあった。巨額の賠償を要求されることはドイツ国民の反発とナショナリズムを燃え上がらせるものだった。

ドイツでは、一九一九～二一年ごろ、賠償をすすんで払おうと主張する政治家が暗殺されるという事件があい次いだ。右翼はヴェルサイユ条約に調印した政府を国民の裏切り者として攻撃した。政治は極左から極右へと動いていった。

一九一九年前半には、極左派の動きが目立った。前年一二月には、独立社会民主党という極左政党の中のスパルタクスというグループが共産党を創設した。このスパルタクス団が、一九一九年一月に一揆をおこしたのである。加えて、休戦（一九一八年一一月）の直前にキール軍港でおこった水兵の暴動から始まった左翼運動である「労兵会」があった。この暴動にはキール市の労働者が参加し、たちまち全国に広がった。労兵会は、ドイツ語でレーテと呼ばれる、ソ連型の評議会によって指導されていた。このスパルタクス団と労兵会が、一九一九年一月にベルリンで大衆蜂起をおこし、ベルリンの街頭は二〇万人を超える群衆であふれ、おもな建物は占拠された。これに対して、ときの政府は軍を鎮圧に向かわせ、多くの人が惨殺される中で蜂起は終わった。この結果は、スパルタクス団と労兵会の連絡が悪く、はっきりした目標ももっていなかったことによるが、場合によっては共産主義のドイツが生まれていたかもしれないというくらいの大動乱であった。

もうひとつの極左運動はバイエルン州でおこった。一九一八年一一月、バイエルン州ミュンヘンでは独立社会民主党のアイスナーが大集会で激烈な演説を行い、群衆が王宮に押しかけ、州政府が倒れるという事件があった。アイスナーは州政府の首相となった。ところが、一九一九年一月に行われた州議会の選挙では、独立社会民主党はわずかな議席しかとれなかった。加えて、二月にはアイスナーは暗殺されてしまった。そこで、ミュンヘンに集まっていた共産主義者やアナーキストは、この混乱に乗じて、バイエルン・レーテ共和国という極左的な政権を立てようとした。この動きに対して、ベルリンの政府は軍を投入し、この運動を鎮圧した。共産政権は惨憺たる市街戦のあと壊滅した。
こうして極左運動が鎮圧されると、にわかにドイツは右傾化した。極左の鎮圧に動いた軍の中には大戦に従軍して除隊した元兵士もおり、義勇兵となっていたが、彼らは敗戦と極左の革命に憤りを感じていた人々であった。これらの人々がのちのナチス党の成長の素地となったのである。

一九二〇年のドイツの国政は揺れ動いており、きわめて不安定である。一九一九年一月に総選挙が行われていたが、議席数は社会民主党、中央党、民主党の順となった（このほか二つの党があった）。これら三つの党は連立政権をつくり、二月にワイマールで新議会を発足させ、七月にはきわめて民主的といわれたワイマール憲法を採択した。ところが、一九二〇年に入り、六月に選挙が行われると、連立政権の三党は大敗を喫してしまった。社会民主党が議席を大幅に減らし、左右両極の政党が議席を大幅に増やしたのである。とくに勢力を伸ばした政党は、右翼のドイツ人民党と国家人民党であった。

選挙後もワイマール連合と呼ばれた三党の連立政権は続いたが、議席は過半数を割ったので、これ以後、ドイツでは短命政権がひんぱんに交代するようになった。

ドイツの右傾化がもっとも強く現れたのは、一九二三年一一月のナチスのミュンヘン一揆である。ヒトラーは大戦後も軍に勤務していたが、はじめはミュンヘンにあった「ドイツ労働者党」という小さな右翼政党に入った。この政党が、一九二〇年三月に「国家社会主義ドイツ労働者党」と名を改め、ヒトラーは軍籍を脱してこの政党の指導者となった。

一九二三年一一月におこったのは、ヒトラーによる国民革命の宣言、ヒトラーを臨時政府指導者とするという一揆であった。ミュンヘンの大きなビアホールでミュンヘンの名士たちが会合を開いていたとき、武装したナチス党員をひきいたヒトラーがそこへ乱入したという事件である。その翌日、ヒトラーはデモ隊をひきいて都心へ向かって行進した。このデモ行進に対して州政府は警官隊を差し向け、デモは鎮圧された。ヒトラーは逃げたが、あとで逮捕された。このような事件であったが、これはナチズムの前史として重要である。

一九二〇年代をつうじて、ドイツはヴェルサイユ条約に対する恨みを内向させていた。したがって、ケインズが『平和の経済的帰結』で示した警告は正しかったと言って差し支えない。連合国が巨額の賠償をとろうとしたことは、すくなくとものちのナチス台頭の遠因となったのである。ただ、さすがのケインズもナチスの台頭までは予見できなかったのだろう。

国際通貨問題への発言

一九二〇年代の前半、ケインズが問題にしていたのは、金本位制という大戦前の国際通貨システムに復帰することがいいことなのかどうかという問題である。大戦によって世界の金本位制は停止されていたが、戦後には世界の主要国は戦前と同じような金本位制に復帰することが当然と考えていた。復帰すれば繁栄も戻ってくるだろうというのが常識だった。しかし、ケインズの考えはまったくそうではなかった。

いったい、金本位制とは何か。それは国際決済に金を使うとともに国内では金貨を流通させるか、あるいは紙幣と金との交換を一定の公定価格で自由に認める制度である。各国がこの制度を採用すると、金を媒介として各国通貨間の為替レートは固定されることになるので、貿易や資本移動が安定的に行えることになるが、国内経済の安定は必ずしも実現しない。この金本位制については、ややこしいが多少の説明が必要である。

大戦前のイギリスでは、標準金の公定価格は一オンス当たり三ポンド一七シリング一〇と二分の一ペンスと決まっていた。米国では純金一オンス当たり二〇・六七ドルと決まっていた。イギリスの標準金の品位は一二分の一一だったので、純金ベースでは一オンスは四・二四七ポンドとなる。ここからすぐに、ポンドとドルの為替（交換）レートは一ポンド四・八六六ドルとなる（小さな端数を切り捨てる）。これは為替平価と呼ばれる理論上の為替レートである。

しかし、ポンドとドルが売買される為替市場では、ぴったりこの値で売買されるわけではない。たとえば、一ポンドがすこし弱くなって四・八二ドルとなったとしよう。このとき、四・二四七ポンドを出してイギリスで一オンスの純金を買ってそれを米国へ運び、二〇・六七ドルで売ると、儲けが出る。なぜなら、二〇・六七ドルを為替市場で売れば四・二八八ポンドとなるからである。はじめに出した四・二四七ポンドとくらべると、〇・〇四ポンドの利益が出ている。ただし、金をイギリスから米国に運ぶ費用をここから差し引かねばならない。その費用は一オンス当たりの価格の一パーセント弱、つまり〇・〇四ポンド程度であった。すると輸送費のために利益はゼロとなる。このため、ポンドの為替レートが為替平価より弱くなっても、四・八二ドルの範囲までであれば（たとえば四・八三ドル）、イギリスから米国への金の移動はおこらない。四・八一ドルとか四・八〇ドルのようなところまで弱くなってはじめてイギリスからの金の流出（米国への流入）がおこる。

逆を考えてみよう。一ポンドが強くなって四・九〇六ドルになったとしてみよう。このときは、米国で二〇・六七ドルを出して一オンスの金を買い、イギリスへ運んで公定価格で売れば、四・二四七ポンドが手に入る。これを為替市場で売ってドルに換えると、二〇・八四ドルとなる。これをはじめに出した二〇・六七ドルとくらべると、〇・一七ドルの利益が出る。ただし、金を米国からイギリスへ運ぶ費用をここから差し引かねばならない。その費用を〇・一七ドルとすると、この輸送費のために利益はゼロとなる。このため、ポンドの為替レートが為替平価より強くなっても、四・九〇六ドルの範囲までであれば（たとえば四・九ドル）、米国からイギリスへの金の移動はおこらない。一ポンドが五・〇ドルとか五・一ドルのようなところまで強くなると米国からの金の流出（イギリスへの流入）がおこる。

このようにして、為替レートはある狭い範囲では変動するが、その範囲にとどまっていれば金は国際的に移動しない。かりに為替レートがこの狭い範囲の外に出ることがあっても、それは一時的であり、すぐに狭い範囲に戻る。なぜなら、ポンドが非常に弱くなると、イギリスから米国へ金が移動し、ドル売り・ポンド買いがおこるし、ポンドが非常に強くなると、米国からイギリスへ金が移動し、ポンド売り・ドル買いがおこるからである。

ポンドとドルの市場での為替レートはイギリスの国際収支から影響を受けるであろう。イギリスの国際収支が赤字なら、ポンドは弱くなるので、イギリスから金が流出する。国際収支が黒字なら、ポンドは強くなるので、イギリスへ金が流入する。金が流出する場合には、イギリスの通貨量は減るので、物価は下がるだろう。これによって国際収支赤字は是正される。金が流入する場合には、貨幣量は増え、物価は上がるだろう。これによって国際収支黒字は是正される。

金が公定価格で売買されるためには、中央銀行あるいは政府が一定量の金準備をもち、誰に対してもこの価格で金の売買に応じることが必要である。また、金の自由市場はあるが、そこでの金価格は公定価格からあまり離れることはない。金本位制の国ではだいたいこのようになっていた。そしてこの金準備は国内で流通する紙幣（中央銀行券）と一定の比率を保つことになっていた。

ただし、このような金本位制の説明はあまりに教科書的であり、単純化をやりすぎている。じっさいには、国際資本移動があり、とくに短期の資本移動が金本位制の運営にとって重要であったことに留意する必要がある。短期資本が流出すれば為替レートは下落するし、流入すれば為替レートは上昇する。そのときは、中央銀行が公定歩合を操作して短期資本の流出をとめたり、流入を抑えたりする。第一次世界大戦前のイギリスではこのメカニズムがうまく作動していたので、イギリスはすくない金準備でも金本位制を運営できた。

このように、金本位制のもとでは、ほぼ固定される為替レートを守り、金準備を守る必要があるので、経済はどうしてもデフレ傾向となるのが金本位制である。金準備を守る手っとりばやい方法が、金融を引き締めて（金利を上げて）外国資本の流入を誘うことであった。

金本位制とはこのようなものであるが、ケインズは一九二三年一二月に『貨幣改革論』を出版して、この制度は大戦後の国際通貨制度としてもはや機能しないだろうと主張した。しかし、米国はすでに一九一九年六月に大戦前の金本位制（金一オンスが二〇・六七ドル）に復帰しており、繁栄していた。米国は大戦前と同じ金貨本位制に復帰した。これを見てほかの多くの国も同じような方向に動いた。イギリスもその中のひとつであった。金本位制に復帰すれば世界の通商は大戦前のようにうまくいくし、各国の国内物価も安定するだろうというのが常識であった。

ところが、ケインズは金本位制への復帰を批判的に見ていた。かりに金本位制に復帰するとしても、そうとうな修正を加える必要があると診断したのである。

ケインズの見方は、大戦前に金本位制がうまく機能したのは特殊な条件があったためであり、大戦後は状況が違ってきたというものであった。彼は言う。一九世紀に金価格が安定していたのは、金の生産（採掘）が世界経済の成長とたまたま歩調が合っていたためだが、いまや金の生産は増えなくなっている。また、いまや多くの国が金本位制を離れているので、金の需要は減っており、供給が過剰になりやすい。金が過剰であれば金価格は下がる。ところが、もし世界的に金本位制が復活すれば、金への需要は増え、金価格は上がるだろう。したがって、国際金融システムがどちらへ動くかによって、金価格は下がったり上がったりするので不安定である。

ケインズはさらに、大戦後の世界では、多くの国で不換紙幣の発行と銀行制度の拡大がおこったことに注目する。ここからケインズは「管理通貨」が不可避となっていると見た。かりに政府が通貨の金兌換を復活させるとしても、金価格は政府あるいは中央銀行が管理せざるを得なくなった、と考えた。ここにケインズの見通しの鋭さがある。各国で、為替レートの安定よりも物価安定のほうが重要になっていることが見えたのである。金の流出入に合わせて貨幣量と物価が変動するメカニズムは弱まっていた。彼は、「事実上、金本位制はすでに未開社会の遺物と化している」と断言した。

ここでおこってきたのが、イギリスにおける金本位制への復帰をどう行うかという問題である。一九二四年にはこれが大きな問題となっていた。けっきょくイギリスは、一九二五年四月に大戦前の為替平価で金本位制に復帰した。しかしそれは、大戦前の金貨本位ではなく金地金本位であった。このときは保守党のボールドウィンが首相であり、この内閣の財務相はのちに首相となるチャーチルであった。ケインズは、最後の国家安全手段として、また予想されざる経済へのショックへの備えとして、政府あるいは中央銀行が一定の金準備をもつことには反対でなかったが、大戦前の為替平価に復帰することに強く反対した。すでに決定が行われたあとではあるが、ケインズはその意見を「チャーチル氏の経済的帰結」という論文として、二五年七月に「イヴニング・スタンダード」紙に三回にわたって発表した。

ケインズは、一九二四年四月と二五年三月、四月とをくらべている。二四年四月の時点では、イギリスは金本位制を停止しているので為替平価は存在せず、ポンドとほかの通貨との為替レートは変動している。ただ、米国（およびドイツ）のみはすでに大戦前の為替平価で金本位制に復帰ずみであった。

一九二四年四月、ドルに対してはポンドは弱くなっており、一ポンドは四・四ドルであった。ところが、大戦前の平価で金本位制に復帰するだろうという予想が出て、二五年三月にかけて一ポンドは四・八ドルになった。これは一年前とくらべて〇・四ドルのポンド価値の上昇であり、パーセントでいうと一〇パーセントの上昇である。これは何を意味するのか。一年前とくらべて、外国はイギリスの製品を買うのにその国の通貨を一〇パーセントよけいに払わねばならないということである。しかし、イギリスの輸出産業が競争的な価格水準を維持するためには、輸出価格を一〇パーセント下げねばならないということである。そのためには、大ざっぱにはイギリスの輸出産業の賃金を一〇パーセント下げねばならない。

この物価と賃金の下げが一瞬にして実現するなら問題はない。その場合、賃金を物価で割った実質賃金は前と同じだからである。しかし、これが一瞬にしておこることなどありえない。賃金を下げるには失業が増える必要がある。じっさいに、一九二五年六月には、輸出産業の中で最大の石炭業の経営者は一〇パーセントの賃下げを労働者に要求した。これに対して、労働組合会議（ＴＵＣ）は全国的なストライキを行った。石炭業で働く労働者は一〇〇万人もいたので、かなりの失業が出た。

ケインズの主張は、一九二五年の高くなったポンドの為替レートを追認して大戦前の為替平価一ポンド四・八六六ドルに復帰することが根本的な誤りだったというものである。すでに復帰してしまったことを前提とするかぎり、物価と賃金の引き下げは不可避となってしまう。それよりも、一ポンド四・四ドルという一年前のレートを認めて平価を設定すべきだったのだ。為替平価を一ポンド四・四ドルとするためには、純金一オンスの公定価格を四・七ポンドとすればよい。米国では一オンスの金は二〇・六七ドルであるから、これを四・七ポンドで割ると為替平価は一ポンド四・四ドルとなる。つまり、金価格を大戦前の一オンス四・二四七ポンドでなく四・七ポンドとすれば、為替レートはだいたい二四年四月のレベル、一ポンド四・四ドルになるはずである。金価格を上げることはポンドの価値を下げるということであり、これによってポンドの為替レートも下がるのだ。

イギリスにとっては、このように金の公定価格を上げ、ポンドの対ドルレートを切り下げることが必要だった。二四年に見られたポンドの低い為替レートでの金本位制への復帰をなぜやらないのか、というのがケインズの主張であった。この低いポンドのレートで金本位制に復帰すれば、物価の引き下げは不要である。ところが、高すぎるポンドのレートで金本位制に復帰したため、その後のイギリス経済は長く苦しむことになった。果たせるかな、一九二六年、イギリスの経常収支は四〇〇〇万ポンドの赤字となった。

イギリスの政府はなぜケインズの主張にしたがわなかったのだろうか。旧平価での金本位制が輸出産業、ひいては経済全体を苦しめることを政府は、あるいはチャーチルはわかっていなかった、とケインズは言う。賃金が下がり、物価が下がるのだから、実質賃金は変わらないだろう、と。しかし、政府は賃金を下げるのには失業の増加が必要であることがわかっていなかった。また、旧平価で金本位制に復帰することは、ポンド資産（たとえばイギリス国債）をもつ内外の投資家に物価下落による利子や元本の実質価値の上昇という利益を与えるので、シティー（ロンドンの金融街）の利益となる。旧平価で金本位制に戻ればすべてが大戦前の状態に戻るという考え方が強かった。

ケインズは、旧平価での金本位制への復帰がすでに行われてしまったことを前提としても、なお次善の策はあると考えた。それは労働組合との話し合いによる賃金の五パーセントの引き下げと賃金以外の所得（とくに配当や利子）への課税強化である。労働者だけに賃下げという犠牲を強いるのは不公正であるから、賃金以外の所得にも負担を求めるべきだというのである。この議論はスジが通っている。

ドイツとフランスの金本位制への復帰

ここでドイツとフランスがどのように金本位制に復帰したかを見ておこう。ドイツは、一九二三年に猛烈なハイパーインフレとなった。財政赤字の大部分を紙幣マルクの発行でまかなったためである。そこで、二三年一一月、ライヒスバンク（帝国銀行、すなわちドイツの中央銀行）は紙幣マルクを廃止し、レンテン銀行を設立し、レンテンマルクなるものを発行して物価を安定させた。このレンテンマルクとは、土地、工業設備からの利子収入を裏付けとするものである。ライヒスバンクは、一兆紙幣マルクを一レンテンマルクと交換した。そして、レンテンマルク発行量を当分のあいだ固定することとした。これによって、二四年四月にはインフレは完全におさまった。当時これは奇跡と言われたものである。そこでドイツは、大戦前の金の公定価格一オンス八七・二マルクに戻ったのである。一レンテンマルクあるいは一金マルクは〇・〇一一四七オンスの金と等価になった。ここから計算されるドルに対するマルクの為替平価は一ドル四・二マルクであった。これがドイツの金本位制に復帰である。

フランスは、大戦後イギリスをはるかに上回るインフレとなり、ドルやポンドに対してフランの為替レートは大幅に下落した。大戦前の為替レートは、一ポンド二五フランであったが、二六年には一ポンド二四三フランになっていた。そこで、当時のポアンカレ内閣は、二六年一二月にフランの事実上の安定化を行い、また二八年六月に金の公定価格を五倍に引き上げ、ドルやポンドに対するフランの平価を五分の一に切り下げた。この状態で部分的ではあったが金本位制に復帰した。

世界大不況との闘い

ケインズが一九二九年以降に直面したのは、この年の米国ウオール街の株価大暴落に始まる世界大不況の問題であった。一〇月二四日の株の大暴落は「暗黒の木曜日」として記憶されている。これは未曾有のできごとであり、たんなる深い不況ではなく、第二次世界大戦の原因のひとつともなった大事件だった。

米国でなぜ株価が大暴落したのかについては、たくさんの研究があるが、ここではふれない。ただ、一九二〇年代の米国は共和党の大統領、政権が続き、自由放任主義が行き過ぎたことは知っておいてよい。第一次世界大戦を通じて米国は圧倒的な経済力を蓄積し、大企業が巨大化して政治を動かし、あやしげな金融商品が横行し、国民のあいだの所得分配の不平等化が進んだことはたしかである。自由放任主義をよしとする人が多かったので、政府や中央銀行（連邦準備制度）が金融機関を監督したり、景気変動をコントロールする必要はないというのが常識だった。これはリーマン・ショック前の米国と似ている。

米国経済は一九二九年なかばから不調になったが、三〇年からは本格的な不況に入った。当然、それはヨーロッパ、イギリスにも波及した。米国の国民総生産は、一九二九年に一〇四〇億ドルであったが、三二年には五八五億ドルまで下がった。ほとんど半減である。工業生産指数は、二九年を一〇〇とすると三二年には五三・八まで下がった。失業者は二九年に一五〇万人であったが、三二年には一二〇〇万人という膨大な数になった。

この米国の大不況のヨーロッパへの影響は国によって違うが、もっとも打撃を受けたのはドイツであった。物価を安定させてからのドイツ経済は堅調であったが、貿易収支は赤字であり、米国からの資本流入頼りという弱点をもっていた。二八年に米国経済は絶好調であったが、それがドイツへの資本投資（とくに短期資本）を減らし、そのためにドイツは不況になったと言って差し支えない。二八年から二九年にかけての冬、ドイツでは失業者が二〇〇万人を超え、その後も増え続けた。ドイツは大貿易国であり、国際経済の不況から大きな影響を受けやすい。ドイツとならんでイギリスも米国への依存度が高かったので、米国から大きな影響を受けた。失業は三一年七月に二〇〇万人、一二月に二五〇〇万人に増大した。

一九三一年にはヨーロッパで金融恐慌が発生した。この年の五月に、オーストリアの大銀行クレディット・アンシュタルトが破綻したのである。ドイツの銀行はオーストリアとの関係が深い。当然、ドイツに投融資されていた外国資本は流出した。このため、七月にはドイツで銀行に休業が命じられ、ダナート銀行、ドイツ銀行などが営業を停止した。この七月がドイツの金本位制停止の時点である。ドイツは八月に銀行業務を再開したが、資本逃避や対外債務返済を制限する為替管理を導入せざるを得なかった。

一九三一年九月には、イギリスがポンドを支えきれなくなり、金本位制を停止し、多くの国が追随した。ドイツ、オーストリアの銀行恐慌からの影響はあったが、もっと根本的には対外純債権ポジションの悪化、ポンドの為替レートの不安という理由があった。

七月以降、イギリスから国際資本が急激に流出したので、イギリスは巨額の金準備、外貨準備を失った。短資は一九二八年までは純流入であったが、一九二九年からは純流出となり、とくに三一年には二・九億ポンドの純流出となった。これは外国からイギリスへの短期貸し（ポンド建て手形、銀行への預金など）が引き揚げられるという形である。この資本流出にはふたつの理由があった。ひとつは、イギリスの金融機関がドイツへ大量の資金を投融資していたこと。ドイツの金融危機によって、金融機関への不信感が強まったのである。三月末、金準備は一・三六億ポンドまで低下していた。しかし、いつまでも金準備を失うわけにはいかない。一・三六億ポンドは国内に流通するポンド紙幣への準備としてかなりギリギリとなった。

もうひとつの理由は、一九三一年七月に政府のふたつの委員会が前年から行っていた調査の結果を報告書として発表したことである。マクミラン委員会とメイ委員会がそれであった（マクミランとメイは委員長の名前）。マクミラン委員会は、イギリスの短期対外ポジション、つまり短期の対外資産・債務が悪化し、債務超過となっていることを明らかにした。短期債務の額は三一年央で四～四・五億ポンドに膨れあがっていると推定された。三一年の短資の純流出自体は短期対外ポジションの改善を意味するが、三一年の経常収支は三〇年までとは異なり、一・一億ポンドの赤字である。

またメイ委員会は、イギリスの財政が非常に悪化していることを明らかにし、緊縮財政を提案した。財政は失業手当の増加、税収の減少などによって二九年度から赤字化していた。財政赤字はイギリス経済への信用を揺るがし、ポンド売りの圧力を生むというのが当時の常識であった。

一九二九年五月には選挙があり、労働党が第一党となったので、マクドナルド（Ramsey MacDonald）が労働党内閣を率いていた。三一年八月には保守党と自由党も参加する「国民内閣」となった。労働党内閣においては伝統主義者であるスノウデンが財務相であり、緊縮財政にこだわったが、財政赤字はかえって拡大した。三一年、メイ委員会の報告書は失業手当の一〇パーセント削減と公立学校教員の給与一五パーセントの削減を勧告したが、これはそのおりに実行された。これはケインズが提案しつつあった積極財政とは正反対の政策であった。

しかし、緊縮財政によってポンドと金・外貨準備を防衛するという政策はすぐ失敗してしまった。七月に始まった資本流出はとまらず、政府は九月に金本位制（金の公定価格）を停止し、ポンドがドルやフランに対して下落するのにまかせるほかなかった。こうしてポンドはたちまち二五パーセントほど下落した。これ以後、多くの国が金本位制を停止し（日本もその中に入る）、為替の切り下げ競争のような状態が生まれる。

ただ、フランスだけは一九三六年まで金地金本位制を続けた。これはフランスという国がドイツやイギリスほどには輸出に依存せず（農業のウエイトが高い）、世界不況からの悪影響が比較的小さかったためである。また、一九二八年のフランの大幅切り下げが効いていたためである。

遅ればせながら、一九三一年六月、米国のフーヴァー大統領は、ドイツによる賠償支払いと連合国が大戦中に増やした対外債務（戦債）の返済を一年間停止しようというモラトリアムを提案し、これは実行された。これはドイツ経済が破産状態になっていたことを意味する。

このようなヨーロッパの不況の深まりと金本位制の停止からしばらくあと、米国もついに金本位制を停止することになった。米国では、一九三三年三月四日に新しい大統領ルーズヴェルト（Franklin Roosevelt・民主党）が就任した。彼は、就任演説の中で、「恐れるべきものは恐れるということ自体のほかに何もない」という名セリフを残した人物であり、数々の改革を断行した人物である。就任直後の三月、全国の証券取引所を閉鎖し、銀行に休業を命じた。また、すべての金取引を禁止し、金の退蔵を禁止した。四月には、金の輸出を禁止した。この三三年四月が米国が金本位制を停止した時点とされている。ただし、米国は三四年一月に部分的な金本位制への復帰を行っている。このとき、金の公定価格は一オンス三五ドルに引き上げられ（つまりドルの為替レートは四〇・九パーセントも切り下げられ）、また金本位制の国の中央銀行に対しては金をこの価格で売ることを認めた。しかし、国民が金貨や金地金をもつことを禁じ、すべての金を財務省に集中したので、金本位制は部分的なものにとどまった。米国は制限された金地金本位制の国に変わった。

さて、このような世界の情勢は、ケインズの闘志をかきたてずにはおかなかっただろう。一九三〇年から数年のあいだ、ケインズは多くの論説を発表している。その中から三つを紹介してみよう。

一九三〇年一二月に「ネーション・アンド・アシニアム」誌（自由党の機関誌）に掲載されたものに、「一九三〇年の大不況」という論文がある。この論文でケインズが重視したのは、世界的に物価が大きく下落しており、それが生産費の下落を上回っていることである。価格が生産費を下回ることがひんぱんにおこっており、そのため多くの企業が赤字となっている。ケインズによれば、この問題への第一の処方箋は物価を上げることであり、そのためには各国が足並みをそろえて公債発行による財政支出を増やすこと以外にない。

人々が消費支出、投資支出を増やす必要があるが、これらが落ち込んでおり、放置しておけば自然に回復する状態にはない。だから政府が公債支出を増やすしかないというのである。公共投資の分野としては、ケインズは道路や鉄道の整備、公営住宅の建設、スラム街の一掃などを考えていた。

一九三一年八月には、大衆月刊誌「ヴァニティ・フェア」に「貨幣価値の崩壊が銀行に及ぼした帰結」という論文を出した。ここでも、物価下落の悪影響を論じているが、物価下落が債務者を不利にし（返済の実質負担が上がる）、債権者を有利にするという一般的な問題だけを指摘するだけでなく、銀行への悪影響が出ることを指摘している。つまり、銀行が貸付けを行うときに借り手から要求する担保があり、通常はその市場価値から二〇〜三〇パーセントを割り引いて貸付け額とするが、物価下落によってこれよりも大きな担保価値の下落がおこっていると言う。これが銀行経営を不安定にする。借り手がデフォルトをおこすこともちろん問題であるが、担保価値が暴落しているので銀行は資金が回収できない。

一九三〇年初めから三一年なかばにかけて、多くの国で株価は四〇〜五〇パーセント下がったし、債券価格は一〇〜一五パーセント下がった。国による違いはあるが、不動産の価格も下がった。このような金融資産価格の大幅な下落が銀行システムに支払い不能の問題をひきおこし、不況を深化させていると言っているのである。これは鋭い観察であった。

ケインズが一九三三年に書いた、より本格的な論文がある。これは有名である。三三年三月、「ザ・タイムズ」紙に四回にわたって出した論文が「繁栄への道」であった。これは同じ月に小冊子として出版もされている。

この論文では、まず公債発行による財政支出の効果が大きいことが強調される。そこに現れたのが投資乗数という新しいコンセプトであった。政府が公債で資金を調達して公共投資をやると、それが所得となり、消費や投資にまわる。この間接効果は最初の投資額をはるかに上回るという考え方である。これはいまでは常識であるが、当時はまったく新しい考え方であり、理解しない人、反対する人が多かったのである。

ケインズは、この財政拡大の政策が国際収支を悪化させるという問題にも答えを出している。一国だけが財政拡大をやると、輸入が増えて貿易収支は悪化するだろう。そこでケインズは、各国が同時的に財政拡大をやることを提案している。これによって各国は輸入しあうことになるので、貿易収支の悪化は避けられるというのである。それでも貿易収支の悪化はありうるので、ケインズは国際機関を設立し、それが金証券を発行して各国に配分し、金準備とこの金証券を対外支払いに使えるようにすべきだという大胆で雄大な提案もおこなっている。この提案は、まもなく開かれようとしていた世界経済会議をにらんだものだった。

その世界経済会議であるが、一九三三年六月〜七月、ロンドンで六六か国が参加して開かれた。世界の大不況を見れば、何らかの世界会議が必要だったことは明らかである。この会議は、米国、イギリス、フランスの三か国が提案して実現したものである。しかし、各国の利害が対立し、この会議は失敗した。その大きな理由は、ルーズヴェルト大統領が会議に送ったメッセージである。それは実質的に「ドルを安定化させるつもりはなく、物価を上げるつもりである」と述べていた。この失敗ゆえに、世界はドル・ブロック、ポンド・ブロック、金ブロック（フランスを中心とする金本位制を維持しようとする国々）に分裂してしまったのである。通貨が切り下がったポンド圏は貿易のうえで大いに有利になったが、金価格を維持することによって為替レートが大幅に上がってしまった金ブロックの国は大いに不利になった。けっきょく、金ブロックの国も一九三六年九月までに金本位制から離脱することになった。

ケインズの提案をイギリス政府が受け入れなかったのは、均衡財政主義をとる財務省がきわめて頑固だったこともあるが、その提案があまりにも斬新だったためでもあろう。残念ながら、ケインズの新しい経済思想は時代の先を行き過ぎていた。イギリス経済は一九三三年一月を底としてゆるやかに上向いたが、これはケインズが唱えていた積極財政政策によるものではなかった。三一年九月の金本位制停止とそれにともなうポンドの為替レートの大幅下落（ポンド安）の効果が大きかったのである。けっきょく、積極財政政策や国際金融機関が実現するためには第二次世界大戦のあとの世界を待たねばならなかった。

ケインズの後半生

ケインズが『平和の経済的帰結』を刊行したとき、彼は三六歳である。このあたりから彼の人生の後半が始まったと見ていいだろう。財務省を辞職して自由人となったケインズは、経済学の研究に打ちこんだが、それだけではないところに彼の面目がある。

むしろ前半生に属するが、一九一一年一一月にケインズは王立経済学会の研究誌「エコノミック・ジャーナル」の編集者になっている。このときケインズは二八歳であるから、異例の若さである。学会誌の編集者の地位は、最新の研究動向をつかむには最適である。たくさんの論文が投稿され、ケインズは（彼だけではないが）それらを読み、掲載する論文を選択するという仕事をこなした。途中で共同編集者が加わったこともあるが、ケインズはこの仕事を一九四五年まで三四年間続けた。そして、この年に王立経済学会の会長になったことを機会として編集者を退いた。

一九一九年九月にはナショナル・ミューチュアル生命保険会社の取締役となり、一九三八年まで続けた。このあたりはビジネスマンとしての活動である。

一九二〇年には、商品投機、外国為替投機、株式投機を始めた。ケンブリッジ大学のフェローではたいして給与はもらえない。そこで投資というよりは投機色の強い取引で所得を補うことにしたのである。損を出したこともあるが、投機の成果はおおむねプラスになったようである。商品にしても株式にしても、ケインズのスタイルは分散投資ではなく、ねらいをつけて集中的に買うというやり方であった。一九三七年には五〇万ポンドの資産を築いたと言われているから、たいへんな相場師である。

一九二二年には、ジェノアで開かれた国際会議に、「マンチェスター・ガーディアン」紙の特派員として参加している。この会議にはヨーロッパ諸国が集まり（ドイツとソ連も参加した）、おもに金本位制への復帰をどう行うべきかを議論した。ここでは純粋のジャーナリストとして仕事をこなしたわけである。この会議で注目されるのは、金為替を対外支払い準備として認めるという合意が行われたことである。金地金は不足が目立つようになったので、イギリスと米国以外の国が金だけでなく、ポンド為替、ドル為替を対外支払いに使えることとしたのである。

一九二三年三月には、自由党の機関誌である「ネーション・アンド・アシニアム」誌の取締役会長となった。

一九二五年八月には、ロシアのバレリーナ、リディア・ロポコヴァと結婚した。このころは、ロポコヴァはディアギレフ・バレー団の一員として、パリやロンドンでしばしば公演を行っている。ケインズがはじめてロポコヴァと会ったのは、一九一八年、ロンドンにバレー団が来たときである。ケインズはバレーを好んだようである。ロポコヴァにはすでに夫がいたので、離婚が必要であった。ケインズとロポコヴァは生涯仲良く暮らしたようである。

ケインズはすでに経済学者としての名声を確立していたので、政府の審議会、委員会の委員としても招かれることが多かった。一九二九年には、先に述べたマクミラン委員会の委員に選ばれた。一九三〇年には政府の経済諮問会議の委員となり、またその中で経済学者委員会の委員長となった。

一九三一年五月、米国に渡り、シカゴ大学で講演を行い、また当時のフーヴァー大統領と会見を行っている。一九三三年一二月には、「ニューヨーク・タイムズ」紙に当時のルーズヴェルト大統領宛てに激励の公開書簡を出した。

一九三四年五月にも米国を訪問し、たくさんの会議、会見をこなした。このときはルーズヴェルト大統領との会見も行っている。

一九三六年二月には、『一般理論』を出版し、その後何年にもわたって論争をひきおこした。これは経済学の歴史のうえで革命的なできごとだった。ケインズの文章にわかりにくいところがあったことは否定できないし、新しいコンセプトの打ち出し方はときに強引あるいは無鉄砲であったことも否定できない。この主著については第四章でくわしく説明する。

一九四二年二月には、イギリス政府代表として米国を訪問し、英米相互援助協定を成立させた。「相互援助」とはいいながら、これはドイツや日本との戦争で外貨不足となったイギリスが米国政府から借款（三七・五億ドル）を受けるという協定であった。ケインズは、四五年九月にも、再び米国と借款のための交渉を行い、四四億ドルの借款をまとめた。ケインズはよい意味でのフィクサーだったのかもしれない。

一九四二年六月には叙爵され、議会上院に議席を得た。「ケインズ卿」の誕生である。

ケインズが晩年にもっとも心血を注いだのは、第二次世界大戦後の世界の通貨システムをどう設計すべきかという問題であった。ケインズがこの問題に取り組み始めたのは一九四二年である。この問題は、おもに米国とイギリスが主導して論議されたが、米国の代表は財務省次官補であったハリー・ホワイト（Harry White）であった。ホワイトは財務省で働いた経歴をもつ人物である。この国際通貨システムの問題は重要なので、第六章でくわしく論じたい。ケインズは米国案とは違う案を提案したが、米国の賛成を得られなかったので、最終的にはホワイト案に近いものが一九四四年七月のブレトン・ウッズ（米国ニューハンプシャー州）における連合国通貨金融会議で採択されたという経緯がある。大戦が終わったのは四五年八月であるが、米英などの連合国はすでに戦後の国際通貨システムをどうするかをその一年も前に決めていたのである。

この国際通貨問題は、ケインズに激務を強いた。ケインズは過労となり、ブレトン・ウッズでの会議のときと、四六年三月の米国での会議のとき、心臓発作で倒れた。このあと間もなく、ケインズはロンドンの近くの町ティルトン

（サセックス州）の山荘で、心臓麻痺によって、妻に看取られながら死去した。四月二一日のことであった。「ザ・タイムズ」紙はその翌日、長い追悼文を掲載し、「イギリスは偉大なイギリス人を失った。ケインズは公共の福祉のため誠実にその生涯を捧げた」とその死を悼んだ。

このようにケインズの生涯を振り返ってみると、その合理主義思考と行動力が際立っていることがわかる。合理主義のゆえに、彼には時代の常識、通念の誤りがよく見えた。そして、ケインズの批判はつねに誰にたいしても容赦ないものだったので、ひんぱんに論争をまきおこした。ケインズ自身も論争をいとわなかった。自分の論点を論敵にわかってもらう方法は論争をつうじてしかないと考えていた。しばしば、ケインズは「愚か者」とか「クレイジー」とかの不穏当な表現を使っているが、これは問題の所在をわかってもらうためには仕方がなかったのかもしれない。

行動力のほうは目をみはらせるものがあった。何かの提案を思いつくと、すぐに新聞や週刊誌に投稿して世論に訴えたのである。また、財務相やイングランド銀行総裁のような要人に論文や手紙を送ることもあった。イギリスを代表して外国と交渉することも多かった。書斎にこもっている人ではなかったのだ。

伊東光晴教授は、ケインズが一九三〇年代のドイツにおけるナチズムの台頭に対して沈黙していたことを、彼の生涯の中で「汚点となっているだろう」と述べておられる。筆者も同じような印象をもつ。先の見えるケインズがなぜナチズムを批判する論文をいっさい書かなかったのかという謎は残る。ただ、ケインズもドイツに対して軍備を強化すべきであるとは考えていた。これは当時のイギリスの常識である。この問題にかぎっては常識にしたがったのである。筆者の想像であるが、ケインズはナチズムという非合理の爆発、暴力の容認を、その合理主義ゆえによく理解できなかった、それゆえにうまく批判できなかったと言えるのではないだろうか。

けっきょく、ケインズがわれわれに残してくれた遺産とは何なのだろうか。それは資本主義の修正と延命と言えるだろう。放っておけば、資本主義経済はインフレやデフレをおこし、いつまでも失業に悩まされる。また、国際経済は各国間の国際収支の不均衡に悩まされる。そこでケインズは、資本主義の運営技術を可能なかぎり改善すべきだという信念をもっていた。そのための手段が財政政策と金融政策であり、政府と中央銀行は経済に積極的に介入してよいと考えた。ケインズは、第二次大戦後の国際通貨制度の設計に深く関与したが、これも世界資本主義の運営の改善への大きな貢献である。

第一次世界大戦のあとになると、経済はみずからを管理しないということが（ケインズには）はっきり見えた。自由放任の時代はすでに終わっていたのである。半公共的な機関（大学、公営企業、中央銀行など）が増え、大企業も社会化されてきた。資本の所有と経営は分離された。これらによって、資本主義は変質し、政府による管理は避けられなくなった。その中で、企業や個人による無制限の利潤追求はかえって資本主義を危うくするだろう。ならば、資本主義の管理運営の技術を改善すべきである。これがケインズの信念であった。

第二章　ブリリアントな『平和の経済的帰結』

大戦の前と後のヨーロッパ

ケインズが財務省から退職して半年という短い期間で一気呵成に書きあげたのが、世界的に話題を呼んだ『平和の経済的帰結』(一九一九年一二月刊)である。この書物はいまや読む人はきわめてわずかしかいないが、当時は世界的なベストセラーとなった。これを読むと、ケインズは歴史の深淵を見ていたかのように思える。

国際経済の運営を考えるうえで、この書物ほど洞察に満ちたものはないと言える。(なお、第一次世界大戦では日本も連合国であり、パリの平和会議(一九年一~六月)には西園寺公望、牧野伸顕などが参加している。)

一九一九年六月に調印されたヴェルサイユ条約(平和条約)については、歴史家の評価はすでに定まっている。「条約は大失敗であった。ドイツに対してあまりにも苛酷であり、独仏のあいだに不和の種をまき、第二次世界大戦の遠因となった」というのがそれである。

ケインズがこの書でめざしたのは、もちろんヴェルサイユ条約の徹底的な批判であったが、なぜ批判せざるを得ないのかを論証するため、詳細なヨーロッパ経済の分析と詳細なドイツが払うべき賠償金の計算を行っている。また、条約調印(一九年六月)までの半年間のパリにおける会議で、三巨頭、すなわち米国大統領ウィルソン、フランス首相クレマンソー、そしてイギリス首相ロイド・ジョージがどのように振る舞ったのかについて、迫真の描写が行われている。その場に立ち会った者のみが知りうる人物の描写は圧巻である。

第一次大戦の前と後で、ヨーロッパ経済はまったく別物となってしまった。もちろん、直接的にはドイツの仕掛けた戦争によってヨーロッパが築いてきた経済組織が破壊されたわけであるが、ケインズは、ヴェルサイユ条約はこの破壊をさらにいっそう強めるものになってしまったと見た。条約にはヨーロッパの再建という視点がまったく欠けていた。

ケインズは、大戦前のヨーロッパの経済組織がある種の理想郷を実現していたとして、次のような見事な文章をこの書のはじめにもってくる（以下の引用は東洋経済新報社から出ている『ケインズ全集』から行う。引用箇所のページ数は省略する。）。

一九一四年の八月に終わりを告げたこの時代は、人間の経済的進歩の中でも、なんというすばらしいエピソードであったことか！たしかに人口の大部分は懸命に働き、低い安楽水準の生活をしていたが、にもかかわらず、どの点から見ても、この運命にまずまず満足しているようだった。しかし、およそ平均以上の能力や性格を備えた者なら誰にとっても、その運命を逃れて、中流や上流階級に入ることが可能だったし、それらの階級に対しては、人生は、低廉な費用と最小の煩労で、他の時代のもっとも豊かでもっとも強力な王侯すら手にしえなかったような便益品、安楽品、快楽品を提供していた。ロンドンの住民は、ベッドで朝の紅茶を啜りながら、電話で、世界のさまざまな産物を彼が適当と思うだけ注文することができ、それらの物がほどなく戸口に配達されるものと、当然期待してよかった。彼は、同じときに同じ方法で、自分の富を世界の好きな部分の自然資源や新事業に投資し、なんらの労働も心労すら払わずに、その将来の果実や利益の分け前にあずかることができた。……何よりも重要なことは、彼がこのような事態を、正常で、確実な、いっそうの改善という方向以外には変化しないものとみなし、それからの乖離は、すべて、常軌を逸した、怪しからぬ、回避可能なものとみなしていたことである。

このような理想郷は、大戦によって完全に破壊された。大戦前のヨーロッパは、人口が密集する中で、巨大で複雑な運輸、石炭分配、外国貿易の機構の運転によって支えられていた。

大戦の後のヨーロッパについては、短く次のように述べられている。

戦争は、この体制を揺り動かして、ヨーロッパの生命をまったくの危険におとしいれてしまった。ヨーロッパ大陸の大部分は、病んで死に瀕していた。その人口は、生計の資をあてがいうる人数を大幅に上回っていた。その組織は破壊され、その輸送組織は寸断され、その食料供給は恐るべきほどに損なわれていた。

ドイツに賠償金を課すこととともに、このようなヨーロッパを再建することもヴェルサイユ条約の目的だったはずであるが、それは叶えられなかった。ケインズは、フランスのクレマンソー（Georges Clemenceau）の政策が、ドイツの人口と領土の削減、鉄と石炭と運輸機関のうえに築かれたドイツの経済機構の破壊にあると見た。フランスの被害が甚大であったことはたしかであり、フランスはようやく勝利できた。しかし、クレマンソーは、たんなる被害の賠償だけでなく、一九一四年までに国力がフランスをはるかに上回ったドイツをフランスと同等の国に引き戻すことを考えていた。そのため、賠償はとれるだけとれ、となった。

クレマンソーはフランスを世界に比類のない国と考える愛国者であった。そして、戦争を二度とおこさないためには、勢力の均衡が必要であり、そのためには戦後のドイツの国力の回復をできるだけ遅らせることが正しいと考えた。これはよくわかる。ただ、クレマンソーは偏狭な国家主義者ではなかった。

ケインズが憂慮したのは、平和会議においてとりざたされていたドイツの連合国への賠償額がすさまじく大きいことであった。大きすぎてとても実行できないが、かりに実行すればドイツだけでなくヨーロッパ経済全体の破壊が永続的になるだろうというのがケインズの判断であった。

ケインズのヴェルサイユ条約の分析はすこしあとに回して、まず、平和会議を実質的に支配した三巨頭がどういう人物であったのか、ケインズの迫真的な描写を引用してみよう。

三巨頭の人物描写

ケインズがその知性をもっとも高く評価したのはクレマンソーである。

クレマンソーは、一八四一年生まれであり、三巨頭の中では最年長であった。若くして医学を学び、医学博士となったが、医師にはならず、米国へわたり、パリの新聞「ル・タン」紙の通信員となった。帰国後は、パリのモンマルトル区の区長となったことをふりだしに、政治家の道に進んだ。一時は政界から身を引いていたが、ドレフュス事件がおこると作家のゾラを助けて右翼と闘い、名声を確立した。一九〇六年には内相となり、そのあと三年間は首相をつとめた。

彼はドイツの危険性にはやくから警鐘をならしていたが、一九一七年に七六歳という高齢で首相兼陸軍相にえらばれた。ケインズは、平和会議におけるクレマンソーを次のように描写している。

クレマンソーは、……他をはるかに抜んでたもっとも卓越した人物であって、自分の同僚（他の巨頭のこと——筆者）をあらかじめ秤量してしまっていた。彼だけが構想をもち、またその構想のあらゆる帰結をもあらかじめ評価していた。彼の年齢、彼の性格、彼の機知、そして彼の容貌があい合して、混乱した周囲の中で彼に客観性と、くっきりした輪郭を与えていた。

彼の平和条約についての原則は、簡単に言い表すことができる。……彼は、ドイツ人の心理についての次のような見方を真っ先に信奉する人だった。すなわち、ドイツ人は威嚇以外の何物も理解しないし、また理解することができない。……ドイツ人は、交渉の際の寛容さや自責の念など持ち合わせていない。ドイツ人は、どんな利益でも人から得ようとするし、利得のためにはどれほど身を落とした振る舞いもするし、名誉も矜持も慈悲心も具えていない。……したがって、……ドイツ人には命令を下さなければならないのだ。

これに対して、米国大統領ウィルソンはどうか。彼は一八五六年生まれである。プリンストン大学の学長、ニュージャージー州知事を経て、大統領となった。彼は次のように描写されている。

　ワシントンを離れたとき、ウィルソン大統領は、歴史上比類のない全世界にわたる威望と道徳的影響力をもっていた。彼の大胆で節度ある言葉は、……ヨーロッパの諸国民のもとにまで達していた。敵国国民は、彼が自分たちと結んだ契約を履行してくれるものと信頼していた。そして連合国国民は、彼をたんに勝利者としてのみならず、ほとんど予言者として認めていた。幻滅はあまりにも完全なものだったので、もっとも期待をかけていた人々の何人かは、ほとんどそのことを口にもしえないほどだった。いったいそんなことが本当なのか、彼らはパリから帰った人々に問いかけた。条約はじっさいにも見かけほどひどいものなのか。大統領にいったい何がおこったのか。どんな弱点、どんな不幸が、こうも法外な、こうも意想外の裏切りを導き出したのか。

　もし大統領が哲人王でなかったとすれば、いったい彼は何だったのか。けっきょくのところ、彼は、人生の大半を大学で過ごしてきた人だった。……大統領は、非国教会派の牧師、それもおそらく長老教会派の牧師のようだった。彼の思想と気質は、本質的に神学的であって、理知的ではなく、そのような思考、感情、表現法のもつすべての長所とすべての弱点とを具えていた。

　彼は、細目点については何の提案ももっていなかっただけでなく、……多くの点でヨーロッパの状態について不案内だった。……彼の心の動きは遅鈍で、適応性に欠けていた。

　ウィルソンは、一九一八年一月、議会に送った教書の中で、来るべき平和についての一四カ条の原則を発表していたが、いざ平和会議が始まると、それを具体化する力がなかった。このため、会議はクレマンソーが主導することになったと言えよう。

　ウィルソンは理想主義者であったが、その理想を具体化する能力に欠けていた。一四カ条の原則の中には、諸国家の連合、つまり国際連盟の設立の規約もあったが、ウィルソンはヴェルサイユ条約を議会で批准してもらうことに失敗した。したがって、米国は国際連盟には加入しなかったのだ（米国は独自にドイツと平和条約を結んだ。）。

イギリスの首相ロイド・ジョージについても、ケインズはすでに文章を書いていたのであるが、出版されたものにはそれを含めなかった。ロイド・ジョージはケインズの上司だったわけであり、現職の首相である。そこで、辛辣な人物描写を述べれば差しさわりがあるという判断があったのだろう。

ロイド・ジョージは一八六三年生まれであり、三巨頭の中では最年少であった。ロイド・ジョージはウェールズ人である。小学校長の父親のもとで生まれ、貧窮の中で育った苦労人である。名門大学は出ていない。

ロイド・ジョージについての文章は、一九三三年に出版された『人物評伝』に収められることになった。「ロイド・ジョージ氏――断章」という文章の中でケインズは次のように述べている。

講和会議におけるロイド・ジョージ氏の職務への献身は、あらゆる公務員たるものの模範であった。彼は一切の休養を排し、いかなる娯楽にもあずからず、首相としてまたイギリスの代弁者としてのそれ以外には、いかなる生活、いかなる業務にもかかわるところがなかった。彼といっしょにいると、……究極目的の欠如、内奥の無責任、われわれサクソン人の善悪の観念から超越ないし遊離した、狡猾と無慈悲と権力欲とをまじえた存在――こういったものを感得することができる。

ロイド・ジョージには根ざす所というものがない。彼はからっぽで、中身がない。彼はじかに自分を取り巻くものによって生き、養われる。……ロイド・ジョージはプリズムであって、光を集めて屈折させ、光が同時に四方八方から射すときにもっとも輝かしさを増す。

もしロイド・ジョージ氏が確固たる態度で、真に大統領の味方をしようとするには、根本的な信条と原理とにもとづいてのみ可能な、勇気と信念の行為が必要であった。しかるにロイド・ジョージ氏にはそのようなものは何もなく、政治的考慮はどっちつかずの途を指し示したのである。

これは、はじめの部分を除けば、恐ろしく辛辣な評価となっている。たしかにロイド・ジョージには政治的スキルは豊富にあったが、原則と信念は希薄だった。そのため、ヴェルサイユ条約をどんな形にすべきかについては、ウィルソン大統領もロイド・ジョージ首相もフランスの政策を受け入れることになったのである。ロイド・ジョージはドイツに対して寛大であってよいと考えていたが、その考えを貫き通す強さを欠いていた。ケインズは、「最後の決着において、真の勝利者がクレマンソーであったことに何の不思議があろうか」と書いた。

賠償額の計算

ウィルソン大統領は、その平和のための「一四カ条」において、民族自決、必要最小限の軍備、諸国家の連合組織の設立などの原則を打ち出していたが、その精神においては、ドイツには損害賠償は課すがそれは懲罰的・報復的なものとはしないということであった。この原則は、彼のその後の演説でも確認されている。

すでに述べたように、一九一八年一一月五日、ウィルソンはドイツに対して、連合国の了承をとったうえで、「ドイツは連合国の民間人およびその財産に対して与えた損害を賠償する」という休戦条件を通知していた。これはどう読んでも、連合国が支出した戦費を含んでいない。ところが、ヴェルサイユ条約（発効は一九二〇年一月）の中には、連合国、とくにフランスとベルギーの軍人恩給および別居手当を損害額に含めると読めるような規定があった。ケインズはもちろんこれを戦費と考え、賠償額の請求に含めるべきでないと考えた。

ところが、条約が発効し、賠償委員会がつくられ、各国から賠償の請求額を集めてみると、この軍人恩給および別居手当が含まれていたのである（軍人恩給は戦時の兵士の死傷に対して戦後政府から支払われるものであり、別居手当とは戦時に兵士の家族に対して支払われるものである。）。そのため、一九二一年四月の賠償委員会の発表によると、賠償額は一三二〇億金マルクという天文学的な大きさになった。連合国最高会議はこの額を五月に決め、ドイツに通告した。ケインズが条約を弾劾する書を書いていたときは、この金額はまだ発表されていないが、もっと大きい額さえとりざたされていたのである。

ケインズが本書でまず主張したのは、戦費のはずの軍人恩給と別居手当を民間人の損害の中に含めることは、ドイツに通知した休戦条件に反する、したがって正義にもとる、ということであった。これはケインズの言うとおりであろう。

ケインズは、軍人恩給と別居手当を除いて、連合国の民間人の財産にどれだけの損害が出たのかを自分で計算しているが、それは四〇〇億金マルク（二〇億ポンド）であった。これでも一九一三年のドイツの国民所得に匹敵する大きさである。こまかい計算は省略するが、この金額の根拠は以下のとおり。

① ベルギー　五億ポンド（連合国からベルギーへ大戦前に前貸しされた額を含む）
② フランス　八億ポンド
③ イギリス　五・七億ポンド
④ イタリア、セルビア、ルーマニアなど　一・五億ポンド

これらを合計すると二一・二億ポンドとなるが、ケインズは数字を丸めて二〇億ポンドとする。これがケインズが妥当とした請求額である。しかし、かりに二〇億ポンドが妥当だとしても、その中に実行不能なものがあることが指摘された。石炭による現物賠償である。

賠償の一部は、ドイツの商船隊、鉄道車両の連合国への引き渡しと一〇年にわたる石炭の連合国への引き渡しによって支払われることが条約によって決まっていた。そこでケインズは、大量の石炭の引き渡しが不可能であることを論証した。次いで巨額の賠償金の支払いがヨーロッパ経済に破壊的な効果をもつことを論証しようとした。これらふたつの主張は論証されていると思われる。そのポイントは次のようになる。

まず、石炭の引き渡しである。石炭は現在の石油のようなものであり、各国がどれだけの石炭を確保するかは重要な問題である。ドイツは、一九一三年に一億九一五〇万トンの生産を行っていた。このうち、炭鉱で消費される分が一九〇〇万トン、純輸出が三三五〇万トンだったので、国内の消費量は一億三九〇〇万トン。一九一九年を考えると、生産は一億トンに下がっている。このうちから、条約によって決まっているフランス、ベルギー、イタリアなどへの

賠償としての石炭現物の引き渡し四〇〇〇万トンが差し引かれる。するとドイツには六〇〇〇万トンしか残らない。ドイツは条約によって領土の一三パーセントをフランスやポーランドに割譲したので、必要な国内消費は減るはずであるが、それを二九〇〇〇万トンと見積もる。すると、国内で必要な消費量は一億一〇〇〇万トンとなる。これと六〇〇〇万トンとをくらべると、まったく足らない。つまり、ドイツ産業が必要な石炭に絶対的な不足がおこる。これはドイツ経済の生存を不可能にするものだろう。また、ドイツから石炭を輸入していた周辺国は輸入が途絶えるので深刻な不足がおこる。これに対して、フランスやベルギーでは、ドイツからの石炭が来れば石炭は余るだろう。

つまり、現物賠償としてドイツから石炭を四〇〇〇万トンもとれば、ヨーロッパの石炭の分配のシステムは完全に破壊されるということである。条約はまったく不可能なことを規定していたことになる。

次に、ドイツは二〇億ポンドの賠償を払えるのか。ケインズはこの問題をドイツの貿易データから考えた。一九一三年のドイツの輸入は五・四億ポンドで、その大部分は原料と食料である。輸出は五億ポンドで、その大部分は工業製品である。賠償は貿易黒字から払うしかない。ケインズは、何年かのうちに、ドイツが輸出を増やし、輸入を減らすことは不可能ではないと見て、戦前から戦後にかけて世界の物価が二倍になっていることを考慮し、ドイツが出せる貿易黒字を年に一億ポンドと見積もる。この予測はかなり甘かった。

毎年の一億ポンドの黒字を三〇年間続けると、三〇億ポンドとなるが、ケインズはこれを、利子率五パーセント、資本償却率一パーセントとして、一七億ポンドという現在価値に直している。これはドイツが年賦で払う賠償の現在価値であるが、これにドイツが即座に連合国に引き渡せるもの、すなわち金、商船隊、鉄道車両、外国証券が加わる。ケインズはこれらの総額を一～二億ポンドと見積もる。これらを合わせると、ドイツが払える賠償額は最大でも二〇億ポンド（四〇〇億金マルク）となるというのがケインズの結論であった。しかし、これは最大値であり、じっさいにドイツが貿易黒字を出せるかどうかは疑わしいと考えるべきであった。じっさい、その後のドイツは長期にわたって貿易黒字ではなく貿易赤字を出している。連合国に払う二〇億ポンドがかりに妥当だったとしても、ドイツの貿易収支から考えると、それはとても払えない金額だったのである。

賠償問題のその後

このように、二〇億ポンド（四〇〇億金マルク）はドイツにとってとても払えない金額であったが、それでは賠償支払い問題はどう決着したのか。決着までには長い時間がかかった。

ドイツは、一九二一年八月に一〇億金マルクの現金を支払い、その後も現物による支払いを続けていたが、二二年七月、もう払えないことが明らかになり、二年半の支払い猶予（モラトリアム）を申請した。しかし、賠償委員会はこれを拒否した。

二二年末になってドイツによる現物支払いはとどこおった。これを見て、二三年一月、フランスとベルギーは、工業が集積するルール地方に軍を進め占領するという挙に出た。これによってドイツ経済は大きな打撃を受け、すでに進行していたインフレがさらに激化した。ドイツはフランスに対して消極的抵抗を宣言し、占領軍へのあらゆる協力を禁止し、また賠償の支払いを停止した。これは独仏の泥沼的争いである。

こうなると、何らかの打開策が必要となる。占領の費用はフランスにとっても高くつく。ドイツでも国民生活は破滅的となった。そこで、二三年一二月、賠償委員会は専門家からなる委員会（ドーズ委員会）をつくって審議を始めた。フランスの占領はけっきょく九月に終了した。委員長となったドーズ（Charles Dawes）は米国人で、初代の予算局長をつとめた人である。のちには副大統領ともなった。一九二五年にはノーベル平和賞を受けている。

このドーズ委員会は二四年四月にドーズ案なる報告書を発表したが、八月にロンドンで開かれた会議（米国、ドイツも参加）がこれを採択し、九月から実施することになった。この案は二四年から五年間だけについてドイツの賠償支払い額を決めたものである。ドイツの国会はこの案を承認した。

ドーズ案によると、ドイツの各年の賠償支払い額は次のようなものであった。

一九二四〜二五年	一〇・〇億金マルク
一九二五〜二六年	一二・二億金マルク
一九二六〜二七年	一四・八億金マルク

一九二七～二八年　　　　一七・五億金マルク
一九二八～二九年　　　　二五・〇億金マルク

この案については、ケインズは「金額は大きすぎる。ドイツ国民から汗の最後の一滴までしぼりとろうとするものだ。これは文明とも人間性とも調和しない」とコメントした。

しかし、このドーズ案はほぼそのとおりに実行された。これは驚くべきことであるが、ドイツが支払いができたのは、ドイツが貿易黒字を出すようになったからではなく、ドイツが米国などから借款（借り入れ）を受けることに成功したからである。ここに不安定性があった。借款はいつかは返済せねばならないし、いつまで続くかわからない。連合国は賠償支払いの担保としてドイツに「ドーズ債」と呼ばれる公債を発行させたが、意外にもこれを買う投資家が多かったのである。

一九二九年なかばまではドーズ案はうまく回っていた。そこで、五年間が過ぎたあとの賠償について、二八年九月に、ドーズ委員会で委員をつとめていたヤング（Owen Young）を委員長とするヤング委員会が立ち上げられた。ヤングは米国の銀行家であった。

ヤング委員会は、二九年六月に報告書を出した。この報告書は、反対が強い中ではあったが、ドイツの国会で承認された。連合国はこの報告書を一九三〇年一月に承認した。報告書の内容は次のとおり。

初年度（一九三〇年）の賠償額は七・四億金マルク、二年めは一七億金マルク、その後次第に増えて、三七年め（これがピーク）に二四・三億金マルク、そのあとは次第に減って、五七～五九年めは八～九億金マルク。これで終わらせる。ただし、賠償額に「絶対額」（約六億金マルク）と「延期可能額」を設けるので、実質的に賠償の総額は一三二〇億金マルクから三六〇億金マルクへ減る。

これはドイツにとってきわめて有利なように見えるが、ドイツでは反対が強く、ヴェルサイユ条約を破棄せよとの声が高まった。それでも三〇年三月にヤング案は国会で承認されたのであるが、反対の声が高まったのは不況が強まっていたからであろう。二九年一〇月には、米国で株価が大暴落し、米国と世界の大不況が始まった。三〇年のはじめ、ドイツの失業者数は三五〇万人に達していた。右翼の勢力も強まっていた。

ドイツの不況の深まりと米国からドイツへの資本流入の途絶によって、ヤング案は初年度から実行が不可能となってしまった。すでに述べたように、三一年にはフーヴァー・モラトリアムが提案されるほどドイツ経済は悪化していた。その中で急速に右翼とナチズムが台頭していく。この中でおこったのが一九三一年夏の国際金融危機である。

ドイツにはこれ以上賠償は払えないことが明らかになると、連合国は一九三二年六月にローザンヌで会議を開き、ドイツのこのあとの賠償額は三〇億金マルクとし、しかも三年間は猶予することを決めた。これは実質的にドイツによる賠償支払いの終焉であった。最終的には、一九三三年一月に政権をにぎったヒトラーが一方的に賠償支払いを打ち切った。ケインズの一九一九年の見通しはけっきょく正しかったと言えよう。

以上のような賠償問題の紆余曲折は、世界に貴重な経験として残っていると言うべきだろう。

戦債の棒引き

ケインズが『平和の経済的帰結』の中で主張していたのは、ドイツに法外な賠償を課すことはできないということだけではなかった。大戦中に連合国間で負うことになった戦債は棒引き（帳消し）にすべきだという提案が行われていた。この提案は大胆であるが、考えてみると腑に落ちる。しかし、ケインズの提案の実現はむずかしかった。

ケインズは別掲のような政府間の債権・債務を示した。これは一九一九年六月のヴェルサイユ条約調印の時点のものと見ていいだろう。戦時中、各国の政府は、ロンドンやニューヨークの資本市場で公債を発行して借りることもあったが、これは民間からの借りであり、この表の中には入っていない。数値は政府間の貸し借りのみを示す。

この表からわかるように、最大の債権国は米国で、ほかの国々に対して一九億ポンドの債権をもつ。債務は負っていない。イギリスの債権も大きく、一七・四億ポンドであるが、その債務も大きく、米国に対して八・四億ポンドの債務を負っている。差し引きでイギリスは九億ポンドの債権超過であり、二番目の債権国である。三番目の債権国はフランスであるが、債権の額は三・六億ポンドでそれほど大きくない。フランスの債務は一〇・六億ポンドなので、

政府間の債権債務　　（単位：100万ポンド）

	債権国			
債務国	米国	イギリス	フランス	合計
イギリス	842			842
フランス	550	508		1058
イタリア	325	467	35	827
ロシア	38	568	160	766
ベルギー	80	98	90	268
セルビア及びユーゴスラヴィア	20	20	20	60
その他	35	79	50	164
合計	1900	1740	355	3995

債務のほうが七億ポンド超過している。イタリアの債務は八・三億ポンドで小さくない。債権はない。

大戦の結果、米国は債権国となり、イギリスは民間と政府のの対外債権債務全体としては依然として債権国であったが、純債権ポジションは大幅に縮小した。対外短期資本のポジションだけをとると、債務超過となった。これは、大戦後の金本位制が金為替本位制に傾斜し、各国が多くのポンド為替残高を外貨準備としてロンドンにおくようになったためであり、またイギリスが戦費の一部を短期の対外借り入れによってまかなったためである。このあたりから、イギリスの斜陽化が始まった。

イギリスが不安定になったのは、多くの年に経常収支黒字を出しながらも、それを上回る長期資本収支の赤字（純流出）を続け、それを短期資本収支の黒字でまかなったためである。つまり、短期借り・長期貸しを強めたためである。

いずれにしても、連合国すべてを合計すると、四〇億ポンドという莫大な債務を負っている。イギリスの一九一三年の国民所得は二二・六億ポンドだったから、これとくらべるとこの四〇億ポンドがいかに大きいかが想像できよう。

この戦債について、ケインズは次のように述べている。

戦争は、すべての人に他のすべての人への巨額の債務を負わせて、終わりを告げた。ドイツは連合国に巨額の債務を負い、連合国はイギリスに巨額の債務を負い、イギリスは米国に巨額の債務を負っている。……全状況が最高度に人為的で、紛らわしく、煩雑をきわめている。このような紙の枷から手足を自由にしえぬかぎり、われわれが再び動くことはけっしてできないであろう。

ヨーロッパの連合国にとって、これらの債務に対して……元本と利子を支払うことは不可能であるというのは、あるいは誇張かもしれない。しかし、各国にそれを支払わせることは、確実に、破滅的な負荷を課すことになるだろう。したがって各国は支払いを回避ないし逃避しようと絶えず企てるものと予測されてよいし、これらの企ては、今後長年にわたって、国際的軋轢と悪意の絶えざる源泉となるであろう。

まったくそのとおりだろう。戦争にはカネがかかるので借りが生じるのはやむを得ないが、巨額で複雑にからまった債権債務の関係はとくに債務国にとって重荷である。それは戦後の各国の経済再建の足かせとなる。そこでケインズは、債務の帳消し（棒引き）を提案し、次のように述べる。

もし連合国相互間の負債をすべて相互に帳消しにするものとすれば、紙の上での……正味の結果は、米国が約二〇億ポンド、イギリスが約九億ポンド債権を放棄することになる。フランスは約七億ポンド得をし、イタリアは約八億ポンド得をする。

ケインズはこれでかまわないと言う。債務の減額と各国の戦争による損害額を比例させるという考え方もあるが、ケインズはこれを馬鹿げているとして一蹴する。相対的な損害が等しくなければならないという理屈などまったくない、と言っている。

戦債はふつうの商業的借款とはもちろん異なる。貸す国は投資として貸すわけではないし、借りる国はそれでトクをするわけでもない。米国のように大きな債権をもつにいたった国は、その余裕があったから貸した。連合国は米国で戦争に必要な資材を調達することが多かったが、これは米国の産業にとっては特需となったという事情もある。米国が参戦したのは一九一七年四月であり、ヨーロッパの連合国はそれまで多額の戦費を支出していた。もし米国が戦争のはじめ（一九一四年八月）から参戦していたら、ヨーロッパの連合国はこれほど米国から借りなくてもすんだだろうという推測も成り立つ。

ともかく、債務の帳消しが米国にとって負担となることはたしかなので、帳消し案は米国に最大の寛大さを求めることになる。米国に債権を放棄してもらうためには、ヨーロッパの連合国はお互いの債権を放棄する必要があっただろう。とくに、イギリスが債権を放棄することは米国が債権を放棄することのきっかけとなるはずだ。そこからケインズの提案となる。

この債権の放棄、債務の帳消しがどのように行われたのか、あるいは行われなかったのか、その正確な記録は残っていない。一〇年ほどの期間、債務返済は続いた。しかし、すでに述べたように、一九三一年には、ドイツは賠償を払えなくなっていたし、連合国は戦債の返済ができなくなっていた。それを見て、米国のフーヴァー大統領はモラトリアム（債務返済の停止）を提案したわけだ。

また、債権の中にはロシア向けのものもあった。ロシアでは、一九一七年一〇月に革命がおこり、レーニンを指導者とする共産主義政権が成立している。そのあとしばらく、ロシアは内戦状態となった。一八年三月にはロシアは戦争中のドイツと平和条約（ブレスト・リトフスク条約）を結んでいる。（ソ連が発足したのは二二年である。）このようなロシアからイギリスやフランスが債権を回収することは、実質的に不可能であった。とくにフランスは、対ロシア債権の喪失によって、このあと金への選好を強めた。

こうして、フーヴァー・モラトリアムのあとは戦債はなしくずし的に減免されていったようである。戦債からの解放は各国の不安を解消しただろう。

ギリシャ問題との相似

最近のギリシャの債務問題は、以上のような戦債の問題とはまったく違う文脈でおこったものであるが、国家間の過大な債権債務が国際経済を不安定にするという点では同じである。ギリシャについて、ここでひと言述べておくのは意味があろう。

ともかく、国際的な債権債務関係が複雑にからみあうと債務不履行は多くなるので、望ましくないのである。これは一般的命題であり、どんな国にもあてはまる。また、債務が政府間でなく民間に対するものであっても同じである。問題は、過大な国家債務がなぜ生じるのかというところにある。ギリシャの国家債務は二〇一四年に三一〇〇億ユーロとなった。そのほとんどは、ユーロ国政府、欧州連合（ＥＵ）、国際通貨基金（ＩＭＦ）という公的機関への債務である。ギリシャの二〇一四年のＧＤＰは一九〇〇億ユーロであるから、債務がいかに大きいかがわかる。

ギリシャがユーロ圏に参加したのは二〇〇一年であったが、これによって高かったギリシャの金利は急速に低下し、ユーロ建てとなったギリシャ国債はドイツやフランスの銀行、投資家によって大量に買われた。金利が下がったといってもドイツやフランスの金利と同じところまでは下がらないので、ギリシャ国債にはうまみがあった。しかし、これによってギリシャの政府債務は急激に高まり、債務の元利返済ができなくなった。そのため、ギリシャ政府は二〇一二年に二回にわたってデフォルト（債務返済不履行）をおこしてしまった。

デフォルトは、ギリシャ国債をもつ銀行、投資家の経営を揺るがす。したがって、ユーロ国政府や欧州連合が救済にのりださざるを得ない。その過程でギリシャ政府の公的債務が膨れあがった。民間に対する債務が公的機関への債務に置きかわっただけなのである。そして巨額の公的債務をどう返済していくのか、見通しは立っていない。問題の解決には長い時間がかかるだろう。

二〇一五年七月、ユーロ圏は緊急首脳会議を開き、ギリシャへの財政支援の再開に条件つきで合意した。ギリシャが増税・年金改革などを実行すれば、という条件で、三年間で八二〇～八六〇億ユーロの支援が行われることになった。これはギリシャへの三回めの支援となる。このうち、欧州安定メカニズム（ＥＳＭ）は最大六五五億ユーロ、Ｉ

MFは一六四億ユーロを支援することとなった。ギリシャの議会では、ユーロ圏の要求を実行するための法案が成立した。

このことの意味は、ギリシャが依然として欧州連合と世界にとってシステミック・リスクであり続けるということである。ギリシャによる財政の緊縮は支援の条件であるが、ギリシャがそれを実行していく見通しは暗い。実行できなければ支援は打ち切られるおそれがある。打ち切りはあるのかないのか、まったくわからない。債務の返済も容易なことではない。このシステミック・リスクが世界の金融システムの安定をおびやかす。

ギリシャがその公的債務を大幅に減免してもらう（これが根本的解決）可能性は小さいだろう。ユーロ圏、とくにドイツがそれに反対している。すると、ギリシャが一方的に債務不履行を宣言する可能性が出てくる。その場合、ユーロという巨大機構には激震が走るだろう。ユーロが崩壊する、あるいはギリシャが一時的にユーロを離脱するということがありうる。そうなれば世界全体が大混乱することになるだろう。

このようなギリシャの国家債務問題の長期化が証明しているのは、国際的な貸借にあまりに深入りするとあぶないということである。国際的な借り入れはやめるべきとまでは言えないが、おのずから限度があるだろう。また、貸すほうも借り手の信用リスクをきびしく評価して貸し出しの限度を設ける必要があろう。ギリシャにかぎらず、いま大きな対外債を抱える新興市場国は多いので、いずれ問題をおこすだろう。国際通貨基金（ＩＭＦ）によると、二〇一四年末に、新興市場国全体の対外債務は一八兆ドルにもなっており、二〇〇四年末の四兆ドルから大きく飛躍している。近い将来、これが大きな問題となることは十分に予想できる。

債務デフォルトの問題をおこさないためには国際的な債権債務が過大に膨らむことを抑制することが第一であり、そのためには国債資本移動を規制する必要がある。自由な資本移動が世界経済にとってベストという考え方は根強いが、これは幻想であろう。

不幸にして債権債務が過大に膨らんでしまい、デフォルトがおこるとき、国際的に誰がどのような手続きでそれを解決するのかということは、いまもはっきりしていない。これも問題である。とくに、債務者が国である場合、債務返済ができないと宣言してしまえば返済を強制する手段はない。この点からいっても、資本移動はコントロールすべきなのだ。

ギリシャと欧州連合との関係を見ればわかるように、その関係は険悪である。債務者は債権者を嫌うし、債権者も債務者を嫌う。国々の関係は平穏ではなくなる。経済的に国々のかかわり合いを最大化しようとするのがグローバル化であるが、ギリシャを見ていると、望ましいのはむしろその逆で、かかわり合いを最小化したほうがよさそうである。すくなくとも、グローバル化は用心しながら進めるのがよいと言わざるを得ない。

第三章　資本主義経済を透視する

三階級で考える

ケインズは独特の資本主義観をもっていた。それがもっともよく表れているのは一九二三年一二月に出版された『貨幣改革論』であるが、そのほかにも個性的な論文を書いている。ケインズが論じたことは、資本主義経済を透視するものであった。そこで本章では、これらの著作を中心にして、ケインズが資本主義というものをどうとらえていたかを説明してみたい。

資本主義経済には資本家階級と労働者階級がいると言えばマルクス経済学になってしまうが、「階級」ということばをマルクス的に使う必要はない。「階層」と言ってもいいし、「グループ」と言ってもいい。固定した階級でなく、機能として企業家、労働者として役割を果たしている人と考えれば、これはいまでも通用する見方である。

資産をもたない純粋の労働者も存在するが、多少の資産をもつ労働者は投資家としても活動している。また、企業家は資産をもっているのがふつうだから、投資家でもある。しかし、おもな機能を見れば、それぞれ労働者、企業家である。「階級」ということばは、やや誇張して実態を表現するのに便利である。

ともかく、ケインズはこの『貨幣改革論』の中で、次のような三つの階級を区別している。

1　投資家階級
2　企業家階級
3　労働者階級

この区別は現在でも通用するものであろう。企業家と労働者がいることははっきりしているが、なぜ投資家を区別してひとつの独立階級とするのか。それは、投資家が社会の中で大きな存在となっており、また企業家とも労働者とも違う機能を果たしているからである。

ケインズは、資産家階級が投資家階級と企業家階級に分かれたのは二〇世紀初頭だったと言う。これは世界でもっとも先進的な工業国であったイギリスを念頭においたものであるが、すこし遅れてほかの先進工業国でも同じことがおこった。

投資家階級とは、資産の運用だけで生活できる階級であり、二〇世紀初頭にはこの階級がすでに大きな存在となっていた。イギリスの場合、それは貴族、ジェントリー（田園地帯で暮らす元企業家）、高級官僚、高級軍人、医師、弁護士などであった。世界でもっとも豊かであったイギリスであるから、この階級は小さくなかった。いわば「額に汗して働かなくてもよい」階級である。

投資家を独立の階級として考えるべき理由はある。その機能は企業家とは明らかに違うからである。彼らは企業経営にはかかわりをもたず、株式をもつとしても配当をもらうだけである。イギリスの企業は大衆から広く株式で資金を集めようとはしなかったので、投資家がおもな投資対象としたのは国債と海外の証券であるが、株式をもたないわけではない。しかし、企業経営には関与しない。所有と経営の分離はイギリスでも進行していた。配当や利子だけで生活できるだけの大きな資産をもつのが投資家階級だった。

イギリスでは、いまでもこの投資家階級が健在である。最先進国としての長い歴史によるものだろう。彼らは、都市に邸宅をもつほか、たいていは田舎にカントリーハウスをもっている。子供を育てるのに乳母を雇うことができる。貴族であれば、城のような家に家政婦や執事もいるだろう。基本的に働く必要がないので、スポーツ、狩り、乗馬などで時間を過ごすということになる。しかし、貴族は別格であり、医師や弁護士はもちろん働いている。

ケインズは、イギリスで富の分配が不平等になりすぎていたことを見逃さない。第一次世界大戦の直前には、人口の一パーセントが富の七〇パーセントを保有しているというデータも残っている。この不平等は国民全体の消費を弱くするし、成長を低くするだろう。

また、第一次世界大戦の前には、海外への投資が総投資の半分以上行われていたというデータもある。大戦前の毎年の海外投資額は平均で一・八億ポンドであった。国民所得は二二億ポンドぐらいであったから、海外投資はその八パーセントにも達していたわけだ。投資家にとっては、国内も海外も区別はなく、ただリターンが高ければいいのである。

ケインズが『貨幣改革論』で問題にしたのは、イギリスの投資家階級が海外への投資を盛んに行っていたことである。これは国内の投資を減らすので、失業がなかなか減らないことになる。国債や海外への投資は、当時はマーチャント・バンクが仲介していた。債券を発行しようとする政府や事業体は、マーチャント・バンクにその引き受けを依頼する。引き受けとは、証券の発行から販売までのすべてを行うことであり、その対価としてたっぷりと手数料を受け取る。海外への投資であっても、小さなリスクで面倒なくできる――。そういう金融組織ができていた。海外への投資の仕組みがうまくできすぎていたのである。

海外への投資が盛んなことは国内投資が低くなることと同じであり、ケインズはこれを是正したいと考えていた。国内投資が低調であることは、投資へのリターンが低いことを意味するだろう。したがって、投資リターンを上げる（政府の公債支出などによって）ことが第一の政策である。世界での競争を考えれば、国内の企業設備はつねに新しく効率的なものにしておく必要がある。もしそれがむずかしい場合には、海外投資を抑制することを考えてよいというのがケインズの考え方であった。

国内の投資を優先すべきもうひとつの理由がある。投資を行う事業体が失敗したときのことも考えねばならないということだ。事業がデフォルトをおこしたとき、国内であれば投資された資産は残っており、所有者が変わるだけである。ところが、海外でデフォルトがおこると資産は海外にあり、取り戻せるかどうかはわからないのである。この点でも国内投資のほうが有利だろう。

海外への投資はけっして安全ではなかった。外国政府がロンドンで発行した国債はひんぱんに利払いの遅延をおこしていたのだ。資本のグローバル化を手放しで推進することは誤りであろう。

インフレ、デフレと三階級

ケインズが分析したのは、インフレ、デフレが三つの階級にどんな影響を及ぼすかという問題である。先に結論を述べるなら、インフレもデフレも悪い、しかしどちらかを選ばねばならないとしたらインフレのほうがまし、というものだった。

第一次世界大戦が始まった一九一四年から一九二〇年までは、国ごとに差はあるが、ヨーロッパではインフレの時期であった。ケインズは、このインフレが投資家階級の安楽な生活を破壊したと言う。保有する金融資産の実質価値が大幅に下がるからである。このため、大戦後は、投資家階級による貯蓄が減り、国富の蓄積がうまくいかなくなった。投資家は不活動の階級であり、社会への貢献は小さいが、貯蓄の落ちこみは望ましくないとケインズは考えた。これはインフレのマイナス面にカウントされる。

インフレによってトクをするのは企業家階級である。しかし、インフレは物財を買ってただ在庫としてもつだけで企業家に利得を与える。企業本来の活動ではないので、その意味でインフレは望ましくない。企業が銀行から借りている場合には、債務の実質価値がインフレによって下がるので、企業活動には刺激となる。企業家はインフレのときは借り入れを増やし、実質価値が下がったときに楽に返済する。

インフレは、労働者階級にはどんな影響をもつか。賃金がインフレ以上に上がれば労働者にも利得がある。ケインズによると、労働者の賃金はインフレ以上に上がったので、インフレはプラスだった。イギリスの特殊な環境によるものである。戦争に従事した労働者階級は国のために犠牲を払ったわけであり、その発言権が高まったという事情があった。また、大戦後は労働組合の組織が発展し、賃金が団体交渉で決まるという傾向が強まったが、これも賃金が上がる傾向をもたらした。イギリスでは、労働組合は産業別であるが、それらの連合である労働組合会議（TUC）は強力であった。さらに、企業は利益を増やすので、その一部が労働者に回るという現象も見られた。

このように三階級にはいろいろな影響が出るが、トータルで考えると、インフレは貯蓄を減らすという弊害はもつものの、企業にも労働者にもプラスとなる。これらふたつの階級は活動的階級であるから、そこにプラスが出ることはそう悪いことではないとされる。

では、デフレ（物価下落）はどうだろうか。以上の逆である。デフレは金融資産の実質価値を高める。投資家階級はトクをする。なので、貯蓄を増やすだろう。

デフレは、企業家階級には損失をもたらす。損失を出さないよう、生産は制限されるだろう。在庫をもっていれば値下がりで損が出る。デフレは売上げの伸びを悪くするので、利益の伸びも悪くなる。さらに、債務があればその実質価値は上がってしまう。またデフレは、労働者階級にとっては明確に悪である。賃金が下がるし、失業も増えるだろう。

こういうわけで、デフレは全体としては望ましくないことになる。

そこで、ケインズは次のように要約する。

インフレーションは投資家には有害であり、企業家にはたいへん有利であり、また現代の産業状況においては、全般的にいって労働者階級に有利な仕方で富の再分配を行うということである。一方、デフレーションは、……今日のように莫大な法定通貨による国家債務が存在する場合には、……金利生活者のほうを有利にし、税金の負担は、社会の生産的階級にとって耐えがたいものとなる。

インフレーションは不当であり、デフレーションは不得策である。……ふたつのうちでは、おそらくデフレーションのほうが悪い。なぜなら、貧困化した社会では、金利生活者を失望させるよりも、失業を生ずるほうが悪いからである。しかし、両方の悪を比較する必要はない。両方とも悪であり、忌避されるべきだとするほうが意見の同調を得やすいのである。今日の個人主義的資本主義は、まさに、それが貯蓄を個々の投資家にゆだね、生産を個々の雇用者にゆだねるために、安定的な価値計測尺度を要するのであり、もしそれがないと能率的でありえず、またおそらく存続不可能であろう。

ここでケインズが言っているのは、インフレもデフレも悪であり、物価の安定がベストな状態だということである。インフレもデフレも、三つの社会階級のあいだに富の不公平な分配をひきおこすので、望ましくないとされている。ケインズはインフレには寛容なようにも見えるが、それはゆるやかなインフレの場合にかぎられる。激しいインフレになれば、企業への反感は強まり、社会の基盤が崩れてしまうとも指摘されており、この点では反インフレの立場ははっきりしている。

インフレは企業家にとって非常に有利であるから、企業家階級は政府や中央銀行を動かしてインフレ政策をとらせるのだろうか。その可能性はある。しかし、イギリスの場合、インフレによって不利になる投資家階級の政府にたいする影響力が大きいので、企業家の言い分がそのまま通るわけではなかった。どちらかといえば、企業家よりも投資家のほうが影響力が大きかったので、一九二五年の金本位制への復帰のところで論じたように（第一章）、イギリスではデフレ的な傾向が強かったのである。このように、どの階級が国の政策を支配するかという視点で経済を見ると本質が見えてくる。

けっきょく、インフレでもデフレでもない物価安定がベストとなるが、ケインズはそれを実現するものは管理通貨、金本位制の廃止しかないと言う。金本位制をやめることは、当局が公定価格による金の売買をやめることであり、国際的に金の移動はなくなるので、金の流入国で貨幣量が増え物価が上がること、金の流出国で貨幣量が減り物価が下がることはもはやなくなる。だから物価は安定する。金本位制においては為替レートはほとんど一定であるが、金の流出入によって物価は不安定になる。それよりも、為替レートが多少不安定になっても、物価安定を優先すべきだというのがこの考え方である。これは現在では当たり前の考え方であるが、一九二三年という早い時期に管理通貨を唱えたことは非常に先進的なことだった。

現代の金融機関の評価

ケインズが金融機関というものをどう見ていたのかはわからない。彼は金融機関についてとくに論文を残さなかった。しかし、たぶんこう見るだろうという推測はできる。

投資家階級は個人たちであるが、彼らの資産を運用するのが金融機関である。ケインズの時代には、金融機関は金融仲介に専門化しており、投資家の忠実な代理人であったと言って差し支えないだろう。投資家は自分のカネを投資するので、失敗すればすべてを失う。したがって、投資先に十分な注意を払う。金融機関は投資家の意向にしたがって動き、金融商品はとくに複雑なものではなかった。投資家階級が保有していたのは、国債、株式、海外の証券であった。こんな場合、とくに金融機関の行動を取りあげる理由はあまりない。

ところが、現在はどうか。多くの国では投資家階級なるものはよく見えない。その代わりに、金融機関の行動が問題となっている。現在の金融機関は、たんなる金融仲介機関ではなく、自己勘定でも大規模な投資を行うような存在である。典型的には投資銀行がそれにあたる。また、富裕層から資金運用をまかされている投資ファンド（ヘッジファンドなど）が大きな存在となっている。投資銀行や投資ファンドは、投資家の忠実な代理人ではなくなっており、勝手に動く傾向がある。さらに、金融商品の複雑化が進んでいる。

たとえば、問題をおこした住宅ローンの証券化であるが、銀行や住宅金融会社は住宅ローンを組成するがすぐに売りとばしてしまう。この住宅ローンをたばねてデフォルト・リスクを小さくしたものが債務担保証券（ＣＤＯ）だった。証券化されたものをもう一度証券化するのであるから、リスクが見えなくなるのは当然であった。

加えて、最近は金融のグローバル化が極端に進んでいる。カネがどこから来てどこへ行くのかがよくわからなくなっている。

金融機関が投資を行うとき、自己資本をできるだけ小さくして、負債を膨らまし、巨額の投資を行う傾向もなかなか是正されていない。自己資本の何十倍もの総資産をもつことは、儲けが出たら自分のもの、損失が出たらほかの人の負担ということになる。これではリスクテイクが過剰になるのは当然だ。

金融機関が最終的な投資家（自前のカネを出している人）の意向とは違う行動をとることをエージェンシー問題という。最終的な投資家は依頼人、金融機関は代理人（エージェント）であり、エージェントは依頼人の希望に沿って動くべきものである。しかし、そうなっていないので問題となっている。

ケインズであれば、このような現代の金融をきびしく批判したことだろう。

自由放任の終わり

資本主義の最大の特徴は、自由競争、自由放任が行われるということである。一九世紀から現在に至るまで、この自由競争の思想は強く根を張っている。自由競争を行えば、資源配分はその資源をもっとも有効に活用できる個人、企業に集まり、社会の厚生が最大になるという思想である。

しかし、これは本当なのか。競争は優勝劣敗をもたらすが、競争に敗れた人はどうなるのかを見過ごしていいのか。また、企業の巨大化をどう考えるのか。慢性的な失業の存在をどう考えるのか。

ケインズはこの自由競争の思想を根本から批判している。ケインズが見ていたのは二〇世紀の経済であるが、小さい企業がたくさんあって競争する一九世紀の経済とは違ってきた。企業が巨大化し、半公的あるいは公共性のある大企業が増えたことは大きな変化だろう。鉄道会社とか電力会社のような公益事業はその典型であるが、純粋に私的な大企業でも社会的存在となったことはたしかだろう。そうなると、自由放任がベストな結果をもたらすとは言っていられなくなる。

ケインズの論文の中に「自由放任の終焉」というものがある。これはケインズ全集の『説得論集』(一九三一年刊)の中に入っているが、もとは一九二六年に小冊子として出版されたものである。ケインズは次のように言っている。

経済学者たちはまずはじめに、正しい方向に動いた個人は、競争の結果、誤った方向に動いた個人を圧倒することになるといった仕方で、試行錯誤の方法によって、諸個人が相互に独立に行動することをつうじて、生産的資源の理想的配分がもたらされるというような状態を想定してきた。このことは、自分の資本あるいは労働を誤った方向に投入した人々を憐れんだり、弁護したりすべきではないということを意味している。

それは、効率の劣るものは破壊させられて、その代わりにもっとも効率的なものが選択されるという苛酷な生存競争によって、利潤をあげるうえでもっとも大きな成功を収めた人々のみを第一位の座にもっていく方法である。それは、生存競争によって生ずる犠牲を勘案することなく、ただ最終結果のもたらす便益だけに注目しているのである。

もしかりに、できるかぎり高いところにある木の枝から葉をむしりとることが生活の目的であるとするならば、この目的を達成するのにもっとも適合した方法は、いちばん首の長いキリンがそれより首の短いキリンを餓死させてしまうがままに任せておくことである。

ここまではケインズでなくても言えるかもしれない（キリンの例は奇抜で面白いが）。よくわからないのは、落伍者や犠牲者が出るのは仕方ないので、国が彼らをしっかり助けるべきだと言いたいのか、それとも落伍者や犠牲者が出ないように競争を和らげる（利潤追求動機を弱める）べきだと言いたいのかである。ケインズはどうも後者の意見をもっているように感じられる。というのは、いまや企業は社会的存在になったと言っているからである。それは次のような指摘からわかる。

多くの場合において、支配と組織の単位の理想的な規模は、個人と現代国家の中間のどこかにあると私は考えている。したがって私は、国家の枠内における半自治体的組織の成長と認知の中にこそ進歩が存在すると示唆したい。

株式会社制度……は、一定の年数を経て、一定の規模に達すると、個人主義的私企業の段階にとどまらず、むしろ公的法人の段階に近づいていく傾向がある。最近数十年間におけるもっとも興味深く、しかもほとんど注目されていない発展のひとつに、大企業自体の社会化傾向がある。大組織……が成長して一定点に達すると、資本の所有者すなわち株主が経営からほとんど完全に分離され、その結果、多額の利潤をあげることにたいする経営者の直接的な個人的関心は、まったく副次的なものとなる。

こうして、二〇世紀には、多くの大企業が半公的あるいは公共的な存在となってきたわけである。大企業ともなれば、何万人、何十万人という社員の人生を左右する存在であり、これだけでもその社会的責任は自明である。そうだとすると、経営者の関心は、利潤よりは名声とか信頼とかに移るべきではないか。それは自由競争と利潤第一主義よりは望ましい社会の進化なのではないか。ケインズでなくとも、そう考える人は少なくないだろう。

最近の世界では、ようやく企業の社会的責任が唱えられるようになったが、ケインズはこれを一九二六年に唱えたのだ。時代の先取りとはこういうことを言うのだろう。

しかし、現在でも、危険、不確実性、無知が経済悪——失業や貧困や企業の破綻や生産の減退——を生んでいることは変わらない。企業の巨大化にともなって、これらの悪も規模が大きくなった。そこでケインズは、国家による経済の管理が必要になったという指摘も行っている。

この管理とは、統制ではない。中央銀行による通貨と信用の慎重な管理とか企業に関する情報の収集と普及とかをケインズは意味している。これらは企業による利潤追求と矛盾するものではないだろう。ケインズは、利潤追求と貨幣愛をまったく否定するのではなく、それらが存在しても、資本主義の管理運営の技術改善によって悪を小さくできると考えたのである。

ケインズは、富の分配のはなはだしい不平等も批判している。不平等の原因は、境遇とか能力に恵まれた特定の個人が人々の無知や不確実性につけこんで利益を手に入れているからだとも書いている。ケインズは労働者に強く同情していたわけではないので、分配の不平等を強く批判しているのは驚きである。筆者はケインズの不平等批判に強く賛同したい。それは不公正であるだけでなく、経済成長にもマイナスとなる。

グローバリズム批判

自由競争、自由放任の批判は、グローバルな自由貿易、自由な資本移動に対する批判につうじるところがある。ケインズはグローバリズムを批判しているが、これは歴史上もっとも早い批判だろう。自由貿易はグローバリズムそのものである。

自由競争の擁護と自由貿易の擁護はほとんど同じものとして唱えられてきた。自由貿易は、各国が自国に適した産業に特化することを意味し、どんな生産物もそれをもっとも効率的に生産できる国がつくり、そのうえで交換（貿易）すれば、各国は厚生を最大にできるというのが自由貿易論である。ひらたく言えば、世界でもっとも安いところから輸入しあえばどの国にとっても利益となるではないか、という考え方である。

この思想を批判するのはなかなかむずかしい。しかし、一九三三年七月に「ニュー・ステイツマン・アンド・ネーション」誌に書いた論文「国家的な自給自足」の中で、ケインズは次のように述べて批判している。三三年はすでに世界情勢が不穏になっていた時期であり、それを考慮する必要はあるが、平和な時期であっても通用する考え方も含まれている。

　現在、海外貿易を獲得しようと国家的な努力を大いに傾注することや、海外資本家の資本や影響力が一国の経済構造に浸透することや、わが国の経済生活が変動する外国の経済政策に密接に依存することが、国際的な平和の保護や保障になるのは明らかだとは思えない。……賢明な国内政策は、もし、たとえば、「資本逃避」として知られている現象を規定により締め出すことができるなら、ずっと容易に達成できるだろう。私の貯蓄は地球上の居住可能などこであれ、最大の資本の限界効率、ないし最高の金利をもたらす一隅に投資されるべきで、それが有利であることを示す金融上の何らかの計算があるのだろう。しかし、所有と経営が遠く離れていることは、人間同士の関係では不幸であり、長期的には緊張と敵意を生じさせ、そのことが金融上の計算を無にしてしまう傾向があり、あるいは、たしかにそうなるという経験が積みあがっている。

私は、今日の労働の国際分業の経済的利益は、かつてと匹敵するとは信じていない。ある程度の国際的特化が合理的な世界において、気候、天然資源、生来の素質、文化程度、人口密度の大幅な相違によって生じている場合はすべて、必然的なものである。しかしながら、ますます広がっていく広範な工業製品と、また、またおそらく農業製品についても、国で自足することの経済的コストが、生産者と消費者を同一の国家的、経済的および金融的な機構の範囲内に徐々に収めることによる利益を上回るほど十分に大きいか、私は疑問に思うようになってきた。

この文章の前半は、所有と経営の分離が行われている現状では、自由な資本移動はリスクが大きすぎると言っている。また後半は、工業製品はどの国でも同じようなコストと効率でつくられるようになっていることを指摘している。外国から輸入すると国内でつくるよりも安く、国内でつくるとコストはより高くなることを認めているが、それを一種の贅沢として許してもいいのではないか、というのである。国内自給のコストを上回る利益とは何か。

ひとつは、自給は失業を減らす可能性をもっているということである。輸入が抑制されれば国内生産は増えるので、失業が大きい場合には国産によるコスト増加のマイナスを雇用の増加のプラスが上回る可能性がある。

もうひとつは、自給は国内の賃金を引き上げる可能性をもつということである。労働集約的な製品を輸入することは労働を輸入することと同じであるから、賃金を低下させる圧力となることはたしかだろう。ゆえに、輸入の抑制は国内の賃金にとってはプラスである。

農産物の場合には、経済的な損得計算には入らないような要素が入ってくる。農村の景観が維持されるとか、食の安全が確保できるとかは、国民生活にとってメリットである。

輸入を抑制する手段として代表的なのは、関税と輸入数量制限である。もちろん、これらを禁止的な障害とするのは望ましくないだろうが、ある程度までは許されるだろう。国民が自給によるコスト上昇をどのくらいまで認めるかは、国民が自給という贅沢をどこまで認めるかの問題である。所得が高い国ではこの贅沢をある程度許せるのではな

図1　資本のグローバル化

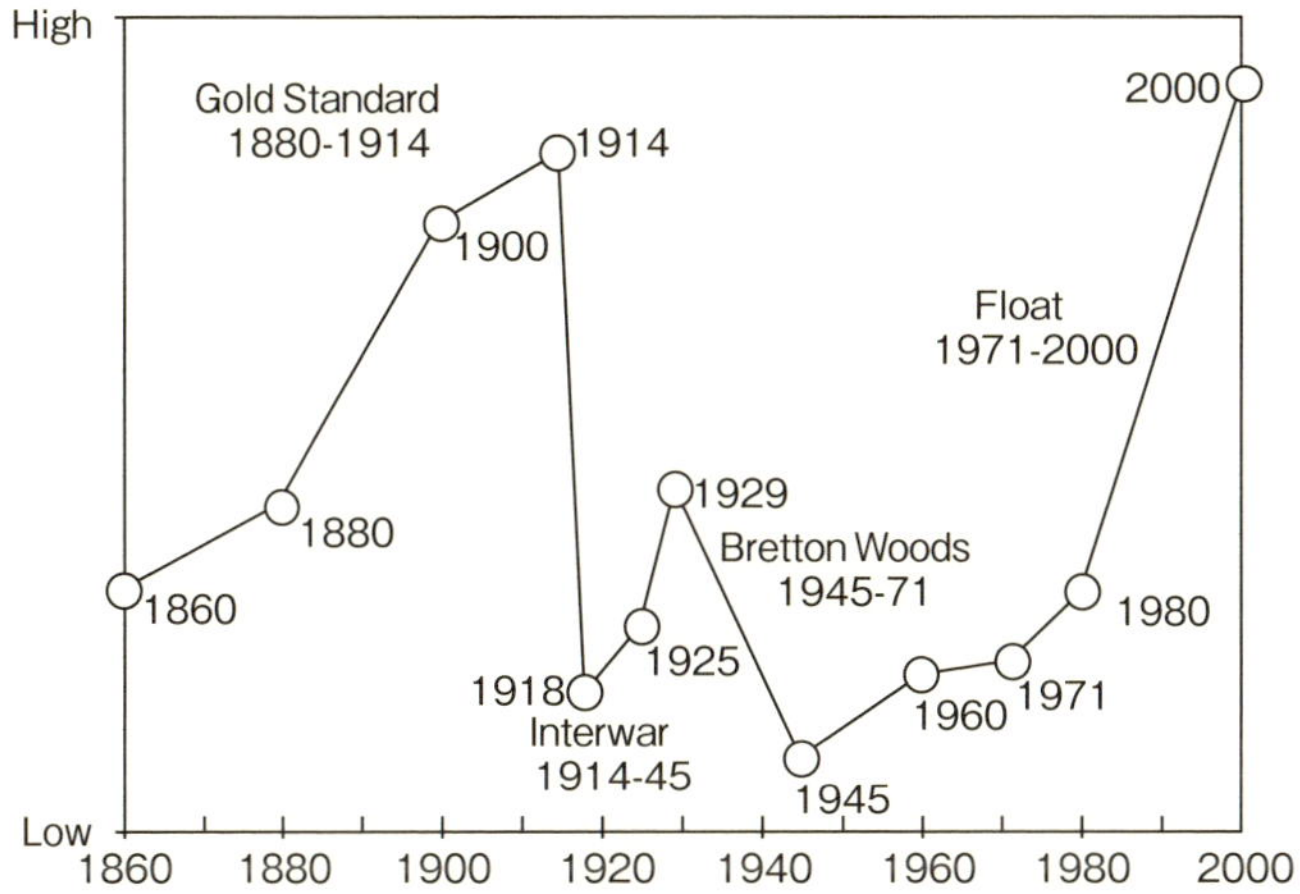

（出所）M. Obstfeld and A. Taylor, Global Capital Markets, Cambridge University Press, 2004

いか。

このように、貿易を完全に自由にすることに疑問があるとすると、国際的な資本移動を完全に自由にすることへの疑問はさらに大きいことになろう。外国資本がある時期にどっと流入し、またある時期にはどっと流出する傾向が見られるが、これは国内経済の運営にとっては迷惑で、弊害以外の何物でもないだろう。

現在、資本移動については、米国も完全な自由をほかの国に要求していない。世界の多くの国がゆるやかな規制をおこなっている。とくに、外貨を無制限に外国にもち出すことを認めている国はほとんどない。完全な自由を認めているのは米国とイギリスだけだ。国際資本移動を抑制する手段は十分にある。たとえば、国際資本取引に低い率で取引税をかけることである。

つまり、グローバリズムは各国の経済格差が大きかった一九世紀には世界を大いに豊かにしたが、現在ではこの格差は小さくなっているので、自由貿易のメリットはあまり大きくはない。それと輸入抑制のメリットをくらべるべきことになる。また、資本移動は貿易とは別の問題として考えるべきだろう。

いま、世界には物価が非常に高い国がある（たとえばスイス）。しかし、一人当たりの所得も高いので、高い物価があまり苦にならないのである。こういう国は非製造業で高い付加価値と賃金を実現しているので、それにつられて工業製品の価格も高くなる傾向がある。工業製品の高価格は、何らかのかたちで輸入が抑制されているためである。

こうして、ケインズは次のように結論している。

私は、国家間の経済上のかかわりあいを最大化しようとする人々よりも、最小化しようとする人々に賛成する。観念、知識、芸術、歓待、旅行——これらは、その本性からして国際的であるべきものである。しかし、服地は、無理なく手軽に可能なときには（家で紡いだ）ホームスパンにしよう。また、とりわけ、金融は主として自国のものにしよう。

これはグローバリズムにのめりこむことへの優れた反論ではないだろうか。もちろん、ケインズのいう自給は孤立ではない。グローバル化してもよい分野（知識、芸術など）とすべきでない分野をよく選べと言っているだけである。現代では他国とのかかわりあいをゼロとすることは問題外であるが、すべての分野でそのかかわりあいを最大化する必要はないだろうと言っているのである。

資本のグローバル化

振り返ってみると、世界の資本市場は、これまで一方的にグローバル化してきたわけではない。図1は概念図であるが、世界の資本市場がグローバル化した時期とグローバル化が後退した時期とを示している。

これを見るとわかるように、第一次世界大戦前夜の一九一四年まではグローバル化がどんどん進んだ。第一次大戦によってグローバル化は激しく後退した。戦争が終わって再びグローバル化となったが、一九二九年に大不況が始まると後退している。第二次大戦が終わる一九四五年までその交代は続いたが、そのあとは再び急激なグローバル化となった。二〇〇〇年ごろにかけてはとくに急激である。図にはないが、二〇〇八年のリーマン・ショックまでにおいても、急激に進んでいた。

一九世紀においては、グローバル化が経済成長を促進したことはたしかである。金本位制の厳しさはあったが、グローバル化のメリットがそれを上回った。しかし、二〇世紀に入ると、グローバル化の負の側面が出てきた。自由な資本移動が国内の政策をかく乱することが目立ってきたのである。それは景気を過熱させたり後退させたりという変動をひきおこすようになった。それは為替レートを不必要に変動させたりもする。

景気の落ち込みがおこると、自由な資本移動への規制は強まるのがふつうである。これはリーマン・ショックのあとの世界を考えればわかる。世界は資本のグローバル化の利益とコストを比較考量するようになってきたと言えるのではないか。

資本主義の未来

五十年、一〇〇年先の資本主義はどうなっているだろうか。ケインズはそれをスケッチふうの断片として残している。その文章は次のようなものであるが、『雇用・利子および貨幣の一般理論』の中の「一般理論の導く社会哲学に関する結論的覚書」という章の中にある。ケインズのビジョンは、二世代（五〇〜六〇年）ほどのあいだに人口の伸びがなくなり、資本の希少性はなくなるだろうというものである。

> 私は、資本の限界効率がきわめて低い水準に低下する点まで資本ストックを増加させることは困難ではないという意味で、資本に対する需要はきびしく制限されていると確信する。この状態は、……資本からの収益が損耗と陳腐化による資本減価をつぐなうとともに、危険負担と技能および判断力の行使とを償う若干の余剰を生むだけの状態を意味する。

つまり、資本ストックへの需要は長期的に大きくない、長期的には資本ストックは飽和状態に近づくと見ているのである。そうなれば、資本の期待リターンは減耗とリスク負担を償うだけのきわめて低いものになる。このため、純投資はゼロとなり、資本ストックの成長はなくなる。人口もほぼ一定となる。これは定常状態と呼ばれるものである。ケインズは、このような状態が遠くない将来に出現すると見ていた。

これに続いて、ケインズは次のように述べている。

> このような状態は、……利子生活者の安楽死、したがって資本の希少価値を利用しようとする資本家の累積的な圧力の安楽死を意味するであろう。……資本の希少性の本来的な理由は、長期的にはおそらく存在しないであろう。……しかし、……なお国家の力を通じて、資本が希少でなくなる点まで資本を増大させるような水準に、公共的貯蓄を維持することはできよう。

この文章は断片的で謎めいているが、資本ストックが飽和しても、民間の投資がその資本ストックを維持するような水準に保たれるようにすることは国の役割なのだろう。リスクの補償部分を除いた純粋の利子はゼロとなるので、投資家は安楽死を遂げることになる（ただし、利子はゼロではなく、リスクプレミアム分はある）。純投資はゼロとなるが、資本減耗（減価償却）をカバーするだけの投資は行われる。ケインズはこの状態を望ましいと見た。資本ストックがもはや伸びない状態がなぜ望ましいのだろうか。

ケインズは、二世代ほどのうちにこのような状態が来ると予測したわけであるが、もしそれが正しかったとすると、すでに現在がその状態になっているはずである。しかし、現在はまだこの状態にはなっていない。とはいえ、あとさらに一世代か二世代ほどのうちには、この予測は的中するのではないか。特定の時点にこだわる必要はないが、遠くない将来にこの状態が到来するだろうということが重要なのである。

もちろん、国によって違いはある。しかし、いくつかの先進工業国ですでにこの状態が出現していることは事実である。このビジョンは、現在の日本にとくによくあてはまっている。

近い将来の定常状態は、避けられないものだろうか。避けるためには、突然技術進歩が盛んになり、新しい物財やサービスがたくさん生まれ、需要が創出されることが必要である。しかし、その見込みは小さそうである。

ケインズは大胆にも定常状態を望ましいと見たが、そのビジョンはかなり悲観的である。そのような状態になっても、人生のリスクがゼロになるわけではないから、ある程度の貯蓄は行われるだろう。しかし、定常状態においては、純投資はゼロであり、貯蓄が余るおそれが大きい。貯蓄が過剰で投資が不足する経済は長期失業を生みやすい。そこには経済成長はなく、停滞が恒常的に続く傾向となろう。そう見れば定常状態はあまり来てもらいたくない状態である、と筆者は思う。しかし、それを避けることはむずかしそうである。

なお、ユーロ圏の南欧諸国もながいあいだ経済の停滞を続けているが、これは右で述べたような理由とはまったく違う理由でおきている。為替レートの切り下げができないという通貨同盟の枷がその停滞を引きおこしている。このタイプの停滞に対する政策は、ユーロ圏の財政同盟による南欧諸国への財政的移転だと思われるが、近い将来、財政同盟が実現する見通しはほぼゼロであろう。

第四章　経済学の革命

経済政策の革命

ケインズの『雇用・利子および貨幣の一般理論』（一九三六年刊）は革命的な書物であるが、かなり難解である。経済学者はいまだにこの書物をどう解釈すべきかを論じているくらいである。読んでみればじつに面白い本である。その高い独創性には目を見はらせるものがある。筆者も一読して大きなショックを受けた。この書を読むとき、ケインズの片言隻句を詮索する必要はないだろう。本質的なところがわかれば十分である。

ケインズの経済学革命は、たんに学問の世界にとどまる革命ではなかった。その思想が現実の政策を動かし、現在でも動かしつつあるということが重要だろう。力のある思想とはそういうものである。古い常識はまるごと批判された。

もちろん、この書物が発刊されてすぐにケインズ的な政策が行われるようになったわけではない。一九三〇年代のあいだは、ケインズ政策は行われなかったと言える。米国では、一九三三年に大統領に就任したルーズヴェルトによってニューディール政策が行われたことはたしかであるが、その焦点は国債発行による政府支出の拡大よりも、貨幣的拡大、ドルの切り下げ、農業所得の引き上げ、労働者の団体交渉力の強化、高所得者への累進課税などにあった。一九四〇年には国債発行が大きくなり、ケインズ政策のように見えるが、これは軍備の拡充のためであり、ケインズの影響とは言えない。

イギリスもほぼ同じであった。三〇年代のほとんどは国債を大規模に出したことはない。しかし、一九三九年度（四月から翌年三月まで）に、国債発行は三・五億ポンド（国民所得の七％）に激増した（三八年度は一・三億ポンド）が、これも軍備の拡充のためである。

当時の情勢であるが、一九三九年九月一日、ドイツはポーランドへ侵攻し、イギリスとフランスは九月三日にドイツに対して開戦した。ここで第二次世界大戦が始まる。（奇妙なことに、その後八ヶ月は本格的な戦闘は行われていない。）ここで各国の軍事支出は急激に増えることになった。

ただし、北欧三国（ノルウェー、スウェーデン、デンマーク）ではケインズ的な政策がとられた。各種の補助金や価格支持によって所得が保証され、また失業手当、子供手当、産婦手当が充実され、さらに大規模な住宅建設が行われた。これらは国債発行、財政赤字によって行われたので、ケインズ政策そのものである。しかし、北欧三国がケインズの影響を受けたわけではなく、北欧の経済学者と政府が独自に考え出した政策であった。

多くの国でケインズ的な政策が行われたのは第二次世界大戦のあとである。多くの国が、完全雇用を目標として明示するようになったのである。米国では、一九四六年に「雇用法」が成立し、政府の目標として完全雇用が宣言された。イギリスでは、一九四二年に「ベヴァレッジ報告書」が出され、福祉の充実と完全雇用を目標とすることになった（ベヴァレッジは経済学者であるが、当時は国会議員となっていた）。また一九四四年には、政府ははじめて雇用白書を発表し、高い雇用水準を政府の目標として宣言した。

すでに述べてきたように、ケインズは目前にある重要な問題だけをとりあげて論じる人である。現在目の前にある大量失業という焦眉の問題、これは自由放任の資本主義が発生させており、自然に治癒するものではないとケインズは確信していた。また、かりに自然に治癒するものだとしても、治癒するまでにどれだけ時間がかかるかはわからない。となれば、政府が経済に介入するほかはないことになる。

慢性的あるいは大量の失業に対して、『一般理論』全体としては次のような三つの政策を主張している。

1　民間投資の収益率を高めるために公共投資を行い、場合によっては民間投資をコントロールする。民間投資がどうしても低調な場合には、政府は大規模な公共投資を行う。公共投資の財源は国債とする。

2　利子率を低く維持する金融政策をとる。その手段は中央銀行による銀行や市場からの国債や債券の購入。もし投資家が最低限の利子率を求め、利子率がある限度以下に下がらない場合は、紙幣に定期的にスタンプ（郵便局で買う）を貼らないと価値を維持できないこととする。これによって債券の利子率はゼロ近くになるか、あるいはマイナスになる。紙幣の実質価値の上昇は抑制できる。

3　累進的所得税と社会保障によって豊かな人から貧しい人への所得再分配を行い、社会全体の消費性向（所得から消費される割合）を高める。（貧しい人のほうが消費性向が高い。）

はっきり言って、これはほとんど社会主義的な政策である。しかし、ケインズは貨幣愛と利潤動機を否定はしないので、社会主義というよりは社会民主主義と言ったほうがもっと正確だろう。あるいは資本主義と社会主義の混合経済と言えるかもしれない。社会主義的な政策によって資本主義を救うのである。大不況あるいは長期停滞は資本主義の危機であり、ふつうの政策では効き目がない。必要な政策はどうしてもラディカルにならざるを得ない。

現在、世界の多くの国で経済が停滞気味になっていることは否定できない。そこでこれら三つの政策が必要となる。ケインズが大不況の一九三〇年代に出した処方箋が現在も通用しそうだということは、考えてみると驚くべきことではないだろうか。

三つの政策の二番め、利子率を極端に下げる政策は、いまかなり多くの国がやっており、しかも一時的ではなく長期化しそうである。現在、各国の経済が大不況というわけではないが、投資リターンの低下、弱い設備投資、低い人口増加率、低調な技術革新など停滞を示す指標は増えている。前章で述べた定常状態が近づいていると考えることもできるかもしれない。紙幣にスタンプを貼るというアイデアは、ドイツ人の実業家兼経済学者のシルヴィオ・ゲゼルのものであるが、ケインズはこれを好意的に紹介している。ただし、これは物価が下落しているときに行うべき政策である。

以上のような政策は慢性的あるいは大量の失業が出ているときの政策である。その場合には、2の金融政策だけでは足りない。1の政策、つまり国債発行による政府支出が不可欠であるとケインズは確信していた。

もちろん、一時的あるいはわずかな失業に対しては、以上の政策を総動員する必要はない。ケインズもそんな主張

図2　古典派の労働市場観

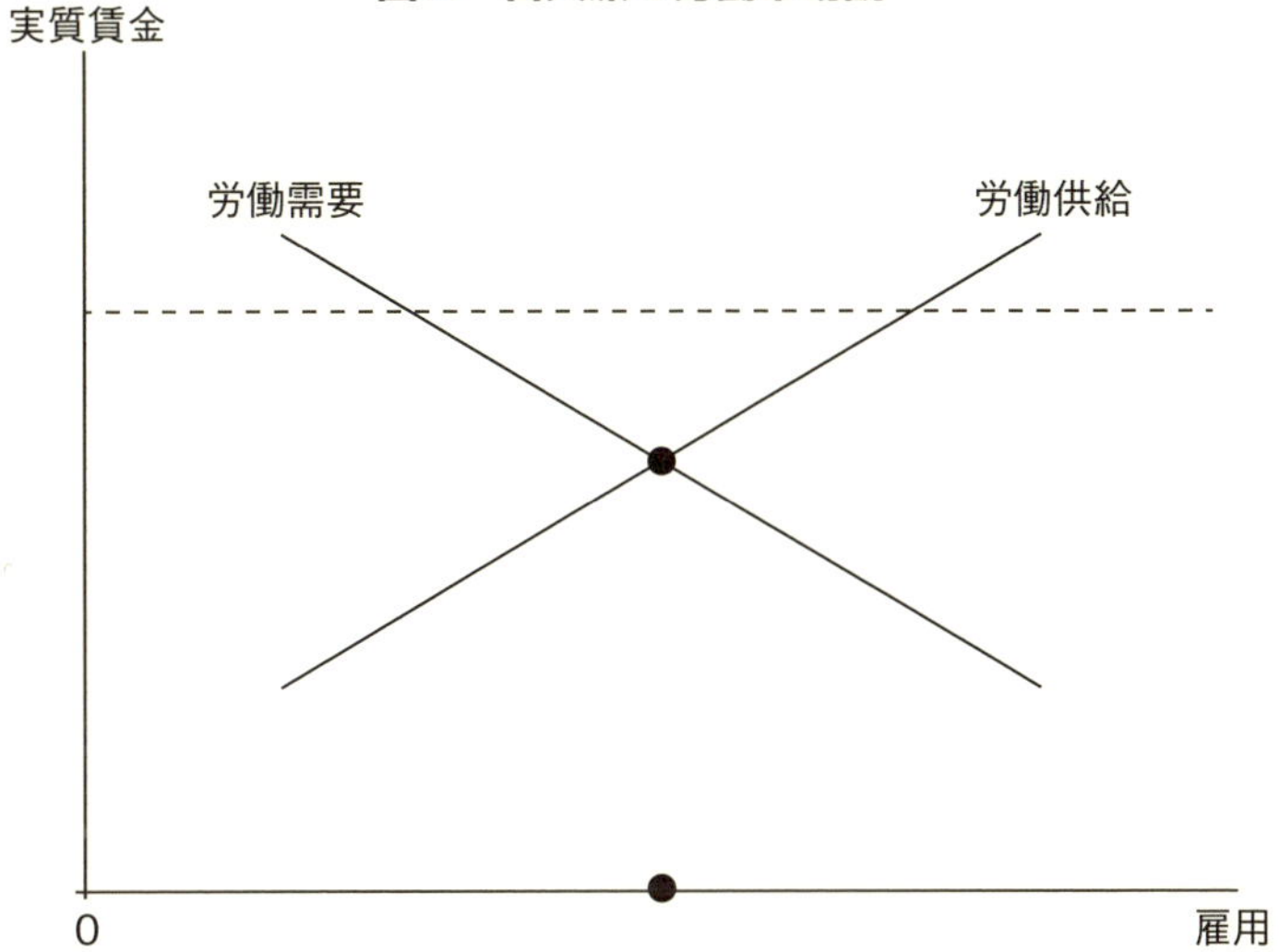

をしたわけではない。多少の金融緩和で問題が解決することはあるだろう。また、そうひんぱんにあるわけではないが、好況で投資が行き過ぎたり、物価が強く上がるようなときには、政策を抑制的にする（たとえば金融引き締め、増税）ことは当然であり、ケインズもそれはわかっていた。

いまの世界を見ると、ありえないと考えられてきたマイナスの利子率が出現しており、プラスの利子率をつける金融資産もそれはゼロに近い。民間銀行が中央銀行にカネを預ける当座預金にマイナスの利子がつく国も出ている（日本もそのひとつ）。これは紙幣にスタンプを貼ること（つまり紙幣にマイナスの利子がつくこと）とほとんど同じであるが、ケインズが本当にこのような政策を現実的と考えていたのかどうかはわからない。もし今日の当座預金マイナス利子の世界を予見していたとしたら、おそろしくなるほどの予見力である。

以上のような政策は、ケインズが主張してから徐々に受け入れられるようになったものであるが、はじめは抵抗が大きかった。とくに国債による財政拡大については「健全財政」をよしとする勢力の反対が強かった。

慢性的な、あるいは大量の失業の存在とそれへの新しい政策対応を提言することは、もちろん大きな革新であるが、それだけでは革命とまでは言えないだろう。このような政策を理論的な根拠のうえで導くことはもっとむずかしい。その理論的な根拠を以下で論じてみよう。それが経済学の革命である。

非自発的失業はなぜ発生するか

ケインズの経済学の中でもっとも革新的だったのは、働きたくても職がないという非自発的失業の存在を論証したことである。ケインズが『一般理論』を発表するまで、非自発的な失業などというものはありえないと考えられていたので、ケインズの理論が経済学の革命と言われたことはもっともである。ケインズの論証は完璧ではなかったが、ほぼ完成していた。

こうして経済学の革命がおこったが、それはドラマティックと言ってもいい。『一般理論』が出版されてから二〇年ものあいだ、ケインズが述べたことの解釈をめぐって断続的に論争が行われた。

ケインズの論証を理解するためには、ケインズ以前の古典派経済学者（マーシャルやピグー）の雇用理論をまずレビューする必要がある。古典派の経済学においては、摩擦的あるいは自発的な失業があることは認められていたが、非自発的な失業は存在しえないと考えられ、その分析はいっこうに行われなかった。その根拠は次のとおり。

古典派の経済学では、企業がどれだけ多くの労働者を雇い入れるかは実質賃金によると考える。実質賃金が高ければ少なく雇い、低ければ多く雇うという単純な世界である。

別掲の図2で考えてみよう。縦軸に実質賃金をとり、横軸に雇用をとる。右下がりの曲線は労働への需要であり、実質賃金が下がれば労働需要は増えるという関係を示す。企業は労働者を雇って生産を行うとき利潤が最大になるまで雇うので、限界的な労働者の増加による限界的な生産の増加は実質賃金に等しくなるだろう。

労働の供給はどうかというと、労働者は限界的な労働の増加の不効用が実質賃金に等しくなるところまで労働を提供するだろう。労働をだんだん増やしていくと、労働の不効用は大きくなっていくだろう。だから、限界的なところではその不効用が実質賃金に等しくなる。これを超えて働くと、不効用が大きくなり、実質賃金による補償が不十分

図3　ケインズの労働市場観

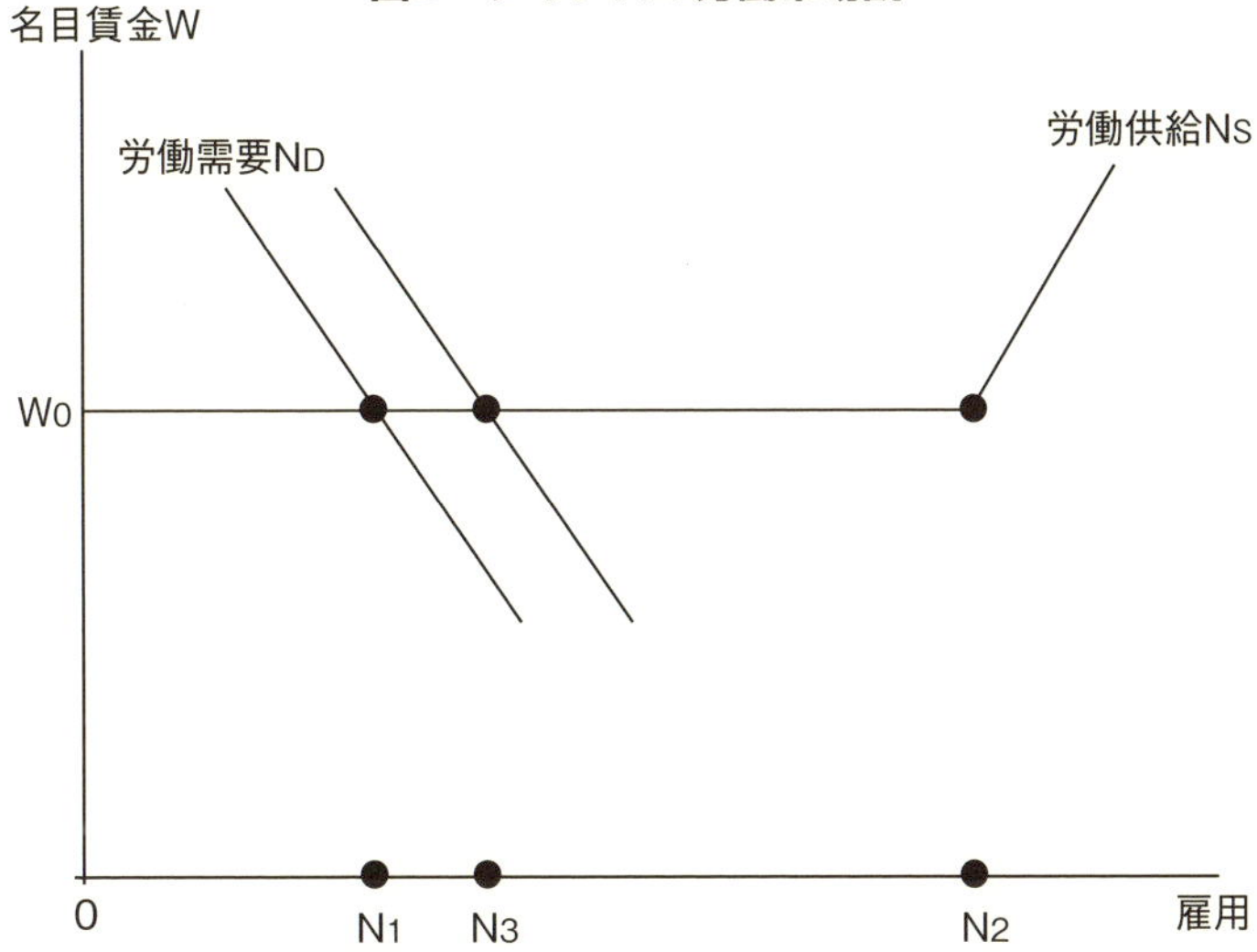

になる（だからそれ以上は働かない）。したがって、実質賃金が下がると、労働の供給は減る。だからこれを示す労働供給曲線は右上がりである。

右下がりの労働需要曲線と右上がりの労働供給曲線とが交わるところが均衡であり、そこで実質賃金が決まる。この均衡点で、労働者は自分が提供したい労働を提供できているので、完全雇用が成立している。また企業は、自分が雇いたい数の労働者を雇っているので、満足している。

図2において、実質賃金が均衡レベルよりも高いとしてみよう。それは水平な点線で示されている。このときは、労働供給が労働需要よりも大きいので、失業がある。すると、もっと低い実質賃金でも働こうとする労働者のあいだで競争がおこり、賃金は下がるだろう。賃金が下がると、企業はより多くの労働者を雇う。こうして失業は除去され、完全雇用となる。

ここで仮定されているのは、実質賃金が失業があるときは低下するという伸縮性である。古典派経済学者は、この伸縮性があると信じ、また均衡（完全雇用）に到達するまでの時間はそう長くないと信じていた。つまり、非自発的な失業のようなものははじめから存在しないと考えていた。これは明らかに見当がはずれている。

では、ケインズはどう考えたか。図3にそれが示されている。

この図においては、縦軸は名目（貨幣）賃金であることが図2とまったく違う。横軸は雇用である。なぜ実質賃金（名目賃金を物価で割る）でなく名目賃金に労働者が反応するのか。これは現実世界からもちこまれる経験的事実である。ケインズは次のように言っている。

日常経験がわれわれに示すところによれば、疑いもなく、労働者が契約に当たって要求するものは……実質賃金であるよりもむしろ貨幣賃金であるという事態は、単にありうることどころか、正常な場合である。……労働者が貨幣賃金の引き下げには抵抗するが、実質賃金の引き下げには抵抗しないのは非論理的であるとしばしば言われる。……これは一見したほど非論理的ではなく、……幸いにもそれが論理的なのである。しかし、論理的であろうと非論理的であろうと、経験はそのことが労働者のじっさいの行動であることを示している。

他の人々に比較して貨幣賃金を引き下げることに同意する個人または個人の集団は、実質賃金の相対的引き下げを蒙ることになる。このような実質賃金の相対的引き下げは、彼らにとって貨幣賃金の引き下げに抵抗する十分な理由になる。ところが他方において、すべての労働者に一様な影響を及ぼす貨幣購買力の変動（物価上昇のこと――筆者）によって実質賃金が引き下げられる場合には、そのたびごとにこれに抵抗するということは実行不可能であろう。

ピグーの失業論とケインズによる批判

ケインズは、アーサー・ピグーが１９３３年に出版した研究書『失業の理論』（The Theory of Unemployment）への批判を『一般理論』の中で行った。これについてひと言述べておこう。ピグーのこの本は非常に難解であり、何を言いたいのかわからないところがたくさんあるが、筆者の理解したかぎりでは次のような内容である。

労働以外の生産要素はすでに極限まで使用されていると仮定する。資本設備は一定とする。すると、労働量ｘのみを変数とする生産関数Ｆ(ｘ)を想定できる。ここでｘを賃金財産業で雇用される雇用量とすると、その微分Ｆ'(ｘ)は実質賃金である。実質賃金（賃金財の一定の数量で定義される）が低ければ、ｘは大きくなる。Ｆ(ｘ)はｘによって生産される賃金財の数量である。いまある実質賃金のレベルを労働者が要求すると、ｘが決まる。非賃金財産業においても同じ実質賃金が成立すると仮定し、非賃金産業の雇用をｙとすると、賃金財産業の生産数量Ｆ(ｘ)を実質賃金で割れば、総雇用量（マクロの労働への需要）ｘプラスｙが求まる。つまり、ｘプラスｙはｘの関数となろう。次に、マクロの労働供給は、実質賃金の関数ｎであるとする。実質賃金はｘの関数であるから、ｎはｘの関数となる。

こうして、マクロの労働需要もマクロの労働供給もｘの関数となる。ピグーはこれらふたつの量がイコールとなるように実質賃金が変化すると考えたと思われる。もし実質賃金に硬直性がなければ、失業は発生しない。しかし、実質賃金に何らかの理由で硬直性があれば、失業が発生しうる。これがピグーの理論のエッセンスであるように思われる。

ケインズは、この理論を批判するが、それはピグーがマクロの労働需要とマクロの労働供給の均等を想定するからである。ピグーはこの均等を成立させるものは実質賃金の変化と考えたが、ケインズは、ピグーは「完全雇用を維持するような形で、利子率が資本の限界表に対してつねに調整されると想定している」と解釈している。つまり、ピグーは、完全雇用を成立させるように総需要が十分にある状態を想定していると解釈している。この解釈が正しいかどうかはわからないが、とにかくケインズは労働需要と労働供給を均等化させるものとして総需要を考えた。たしかに、財への総需要に言及することなく失業の理論を提示するのは奇妙である。

労働への需要は、ミクロの企業のレベルでは、最適な（利潤を最大化する）生産量からの派生需要である。最適な生産量は、この企業への需要関数のうえで限界収入と限界費用がイコールになるようなレベルであるが、需要関数にはマクロの総需要が入り、費用関数には実質賃金が入るはずである。したがって、企業のレベルでは、労働需要は実質賃金とマクロの総需要の両方に依存するだろう。マクロの労働需要は企業の労働需要を集計したものなので、やはり実質賃金と総需要に依存する。

こうして、マクロの労働需要と供給の均等化を、実質賃金だけで考えることも、総需要だけで考えることも、誤りであろう。実質賃金が高すぎること、総需要が不十分であることは、ともに失業の原因となると考えられる。

この観察によって、ケインズは労働供給は実質賃金に依存するのではなく、名目賃金に依存すると考える。しかも、ある名目賃金の水準W_0で働こうとする労働者はたくさんいると考える。だから図3において、現行の名目賃金は水平の直線で描かれており、それが労働供給を表す。ある限度までは、この同じ名目賃金で労働供給が増えていく。ある限度とは完全雇用であり、ここまで雇用が増えるとさすがに名目賃金を急激に上げないと労働供給は増えなくなるので、限度を超えると右上がりとなる。それがN_Sである。

次に企業（ひとつの企業でなく企業全体）はどれだけ労働を需要するかであるが、これは実質賃金イコール労働の限界生産物として、右下がりの曲線である。ただ、縦軸は名目賃金なので、物価は一定にとどまるという仮定が必要である。物価が一定なら名目賃金が下がると同じように実質賃金も下がるので、図３の中に労働需要曲線を書きこめるのである。これがN_Dである。

さて、図３では、労働者が現行の名目賃金で最大の労働を提供するレベル（完全雇用）はN_2である。労働への需要はN_1（現在の雇用）である。したがって、N_1 N_2という距離が非自発的失業者の数となる。

ここで、なぜ現行の名目賃金がW_0というレベルに固定しているのかという疑問が出るだろう。ケインズは、労働者は名目賃金にこだわるだろうと言ったが、それがいつでも固定しているとは考えていない。不況で失業が増えれば名目賃金が下がることを認めている。つまり、名目賃金が固定しているから失業が出ると言っているのではない。不況で名目賃金が下がっても、なお失業はなくならないという理屈を打ち出しているのである。ここは間違えないようにしたい。

その説明のまえに、「非自発的失業」の定義をケインズから引用しよう。それは次のようなものである。

賃金財の価格が貨幣賃金に比してわずかに上昇した場合に、現行の貨幣賃金で働こうと欲する総労働供給と、その賃金における総労働需要とがともに、現在の雇用量よりも大であるならば、人々は非自発的に失業している……

この定義を図３で説明してみよう。賃金財の価格とは物価のこととしよう。物価がわずかに上昇しても、名目賃金の関数である労働供給曲線は同じ形にとどまると考える（近似である）。しかし、実質賃金の関数である労働需要曲線は、物価が上がるので右にシフトするだろう。これは実質賃金が下がるからである。したがって、労働需要曲線が名目賃金の線と交わるところ、企業が雇用する労働者の数はN_3である。もとのN_1よりすこし増える。（この解釈は、ケインズ全集の中の『一般理論』の訳者である塩野谷祐一教授の解説にしたがう。）現在の雇用はN_1であるから、物価がすこし上がった場合の雇用はたしかにN_1よりも大きい。ケインズの定義どおりである。

図4　名目賃金の下落

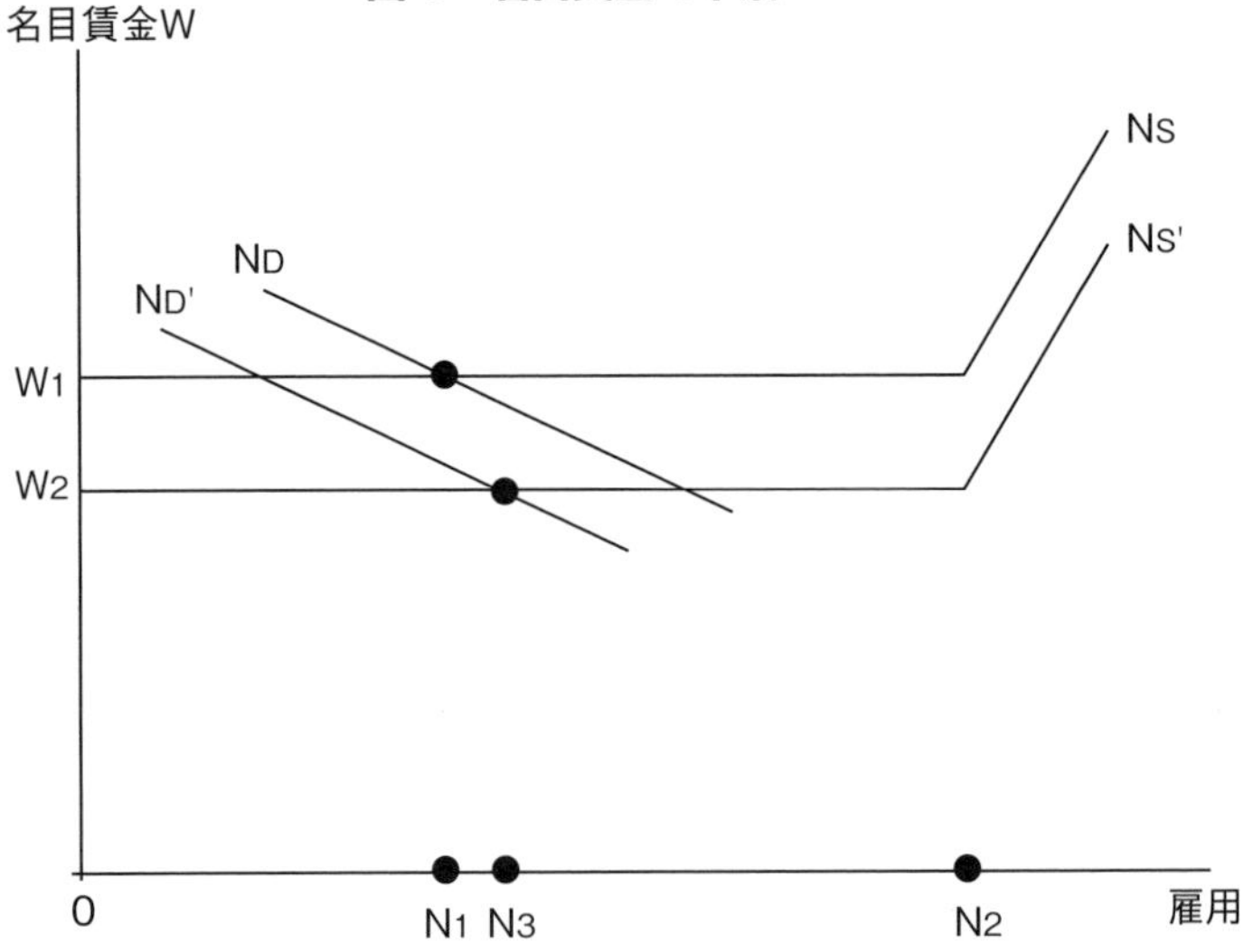

非自発的な失業者については、賃金を消費して得られる効用は働くことの不効用よりも大きい。だから働く意志はある。けっしてなまけ者ではないのである。しかし、職がない。

なぜケインズは物価をすこし上げるという思考実験をやるのだろうか。それは、物価を上げ、実質賃金を切り下げても、雇用がすこし増えるだけで完全雇用レベルのN2にははるかに及ばないということを示すためであろう。つまり、雇用が増える余地があるということのチェックとして物価をすこし上げているのである。（ということは、物価が十分に大きく上がる場合、実質賃金が大きく下がり、労働需要曲線は大きく右にシフトし、完全雇用となることもありうるということである。ケインズの定義はこのことを否定はしていない。ただ、物価が完全雇用を実現するほど大きく上がることは現実にはないと想定されている。）

以上は非自発的失業の定義である。もちろん、定義をしたからといって、その存在が論証されるわけではない。では、論証はどうやればいいのか。

このポイントに来ると、ケインズもあまり明快ではない。ケインズの言ったことのひとつの解釈は、物価と名目賃金が何らかの理由で硬直的で下がらず、かつ労働需要曲線が図3のように左のほうにある場合である。これらふたつの条件が

図5　ふたつの労働需要曲線

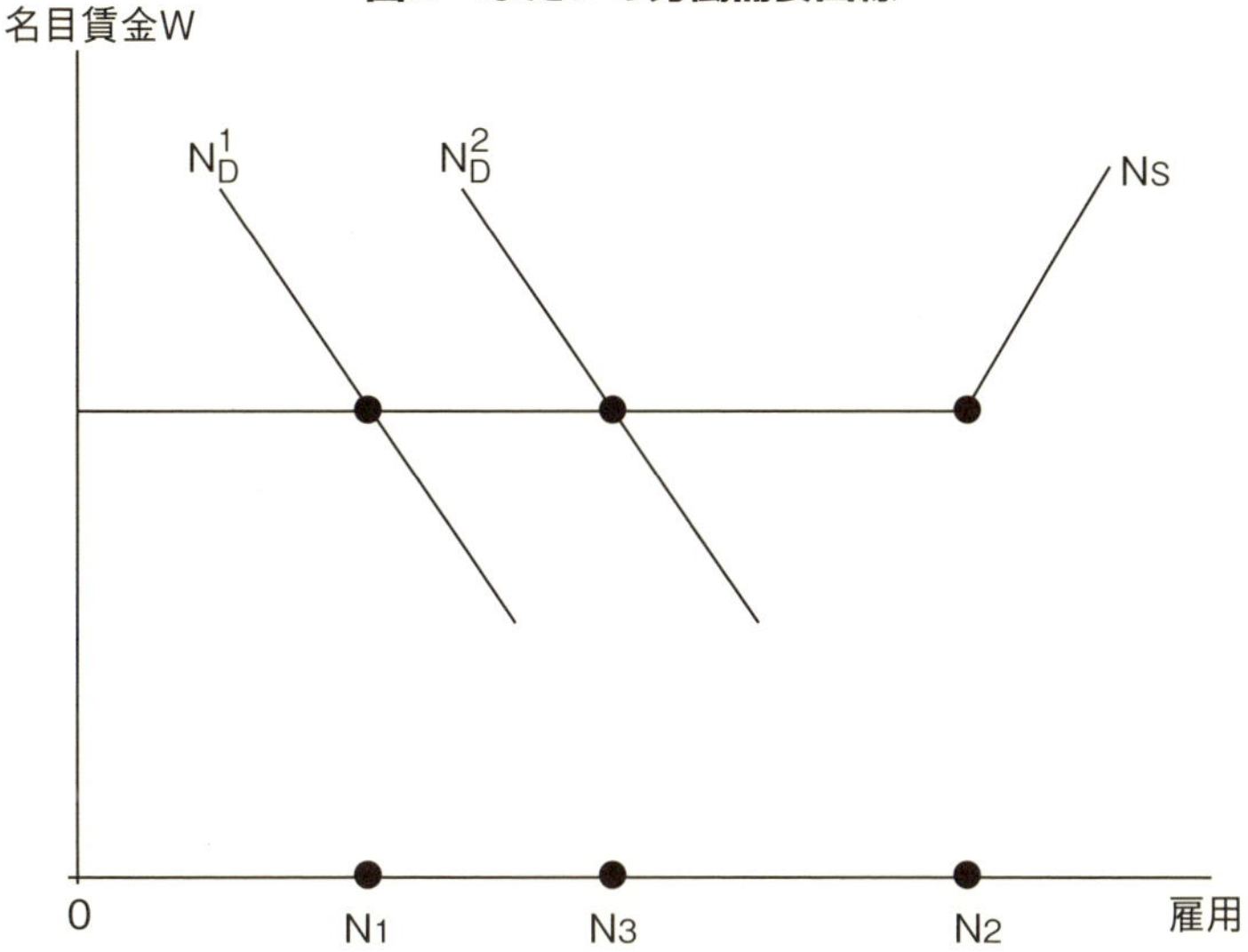

説明できれば、たしかに非自発的失業が存在すると言える。この解釈は図３をそのまま使って説明できる。

物価が硬直的な理由は、企業が価格を変えるときにコストがかかるということである。このコストとは、メニューの書き換え、顧客への情報提供、契約の改定などである。このコストが価格改定による利潤の増加を上回れば、価格改定はやらない。また、名目賃金が硬直的な理由は、労働者あるいは労働組合の抵抗、労働者の錯覚などである。ここでは簡単に、ひとりの合理的な労働者の行動からの説明を示しておこう。

この労働者が雇用されているときは、現行賃金よりも低い賃金を望むことはないだろう。もし彼が現行賃金よりも高い賃金を提示すれば、職を失う可能性は大きいので、そのようなことはしない。だから現行賃金は動かない。次に、失業中の労働者を考える。失業者はたくさんおり、求人は少ないとしよう。すると、彼は現行賃金よりも低い賃金を提示して就職の可能性を高めようとするだろうが、多くの失業者が同じ行動をとるだろうから、就職の可能性はたいして高まらない。現行賃金を希望しても就職の可能性はほとんど同じである。したがって、彼も現行賃金のもとに求職活動を行うだろう。こうして、図３にあるような水平の（一定の）名目賃金が存在することになる。

このように、硬直的な価格と賃金は一応説明できるのであるが、ここから非自発的失業の存在を説明するのはあまり面白くない。なぜなら、不況においては、ふつう名目賃金も物価も下がるからである。不況で名目賃金と物価が下がってもなお非自発的失業は存在すると論証できればもっと問題の核心に迫れるだろう。ケインズが論証しようとしたのはこのケースである。彼は名目賃金の硬直性が非自発的失業の原因だとは言っていない。賃金が下がる場合がケインズのふたつめの解釈であり、ひとつめの解釈よりも彼の精神に近い。

これを論証するには、図4を使うといいだろう。不況で失業があるとき、現行の名目賃金は下落する。これは図4の中でW_1からW_2への下落として示されている。このとき、物価もある程度下落するが、名目賃金の下落と同じかどうかは重要ではない。不況のときの名目賃金と物価の下落のデータから得られる経験的事実を見ると、名目賃金が下がり、それよりはすこし小さい幅で実質賃金も下がることが観察されている。つまり、物価の下落は賃金の下落より小さい。これを標準ケースとしよう。

さて、名目賃金が下がり、物価もすこし下がると、労働需要曲線はN_DからN_D'へ（左へ）シフトするだろう。物価が一定の場合には、実質賃金はWが下がるのと同じスピードで下がるのであるが、物価が下がる場合は、実質賃金のレベルがすこし上がっている。ゆえに企業の労働への需要はその分小さくなり、労働需要曲線は左にシフトする。これを図4の中に描いたものがN_D'である。その結果、雇用はN_3となる。

このように、名目賃金と物価が下がる場合、名目賃金の下落は雇用を増やすが、それをある程度打ち消すように物価下落（実質賃金の上昇）がある。これらふたつの効果が合わさったネットの効果が雇用を増やすのか減らすのかはっきりしないが、おおまかにはネットの効果は小さなプラスと考えられる（図4を参照されたい）。つまり、不況で失業があるとき、名目賃金と物価が下がるとしても、雇用レベルには大きな変化はおこらない。N_1からN_3にわずかに増えるだけである。これが、名目賃金が下がっても非自発的失業が続くことのもっともケインズらしい説明であろう。

ここからわかるのは、図4あるいは図5において、労働需要曲線が縦軸に近い左のほうにあることが非自発的失業を発生させるキモだということである。賃金のレベルがどうであれ、労働需要が左のほうにひっこんでいることが決定的なのである。名目賃金が大きく下がっても、労働需要曲線が左のほうにあるかぎり、失業は減らない。労働需要にとって実質賃金が関係ないわけではないが、マクロの総需要から出てくる労働需要をマクロの生産量（実質ＧＤＰ）と実質賃金の両方に依存するものとしてとらえる必要がある。図５においては、N_D^2は総需要が大きいときの労働需要を示す。このマクロの生産量の雇用への影響こそケインズが強調したものであった。

これまでは労働需要は実質賃金のみに依存すると想定してきたが、マクロの生産量（総需要）にも依存すると想定すべきなのである。これを想定すると、実質賃金が同じでも、マクロの生産量が大きくなればより多くの労働者が雇用されることになる。これは十分に納得できる想定であろう。

しかし、その理屈を知りたいという読者のためには、以下のような説明ができる。もし企業が現行の名目賃金と価格のもとで好きなだけ生産物を売ることができるなら、販売数量あるいは生産量が労働需要の制約となることはない。その場合、労働需要はたしかに実質賃金のみの関数となるだろう。しかしじっさいには、企業は現行価格のもとで需要の制約に直面しており、現行価格で売りたいだけ売っているのではなく、顧客が買ってくれるだけしか売れない。この意味で、販売数量、生産量が需要によって決まっていることが労働需要を制約するはずである。したがって、労働需要は、実質賃金だけでなく生産量にも依存することになるという説明になる。

図５を見よう。マクロの生産量をＹとする。図５の中には、小さなY_1と大きなY_2に応じてふたつの労働需要曲線が描かれている。N_D^1とN_D^2がそれである。労働供給曲線は図４と同じでN_Sとする。ここで、失業がある幅で動いても、名目賃金は変化しないと仮定する。厳密には、失業が増えれば名目賃金は下がり、失業が減れば名目賃金は上がるかもしれないが、ある幅の中での変動であれば名目賃金は変わらないと考えてもおかしくない。

これらふたつの生産量に対応するふたつの労働需要曲線をくらべてみよう。小さな生産量Y_1には小さな雇用が対応し、大きな生産量Y_2には大きな雇用が対応している。非自発的失業が存在することに変わりはないが、Y_2の場合のほうが失業は小さい。これでわかるのは、物価が上がるためではなく、生産量がより大きいために雇用がより大きくなっているということである。こうして、生産量（総需要）がどう決まるかは決定的に重要であることがわかる。

マクロの総需要はどう決まるか

ここでいよいよマクロの総需要がどう決まるかの説明に入る。ケインズがもっとも強調したものがこれである。

ところが、この説明が簡単ではない。ケインズは『一般理論』全体でこれを説明したわけであり、コンパクトな説明はむずかしい。ケインズの分析では、投資、消費、雇用、生産という実物的なものと、通貨や利子率という貨幣的なものとの両方が混然一体となっており、両者を分けて説明することは不可能である。どう決まるかを説明せねばならないものは、雇用、生産量（総需要量）、賃金、そして利子率である。したがって、市場としては、財市場、労働市場、通貨市場を同時に調べなければならない。必然的に説明は複雑になる。財市場でも労働市場でも、均衡はなかなか成立してくれない。本格的な説明は数式を使うしかない。しかし、本書は学術論文ではないのでそれは避けたい。

わかりやすい説明のためには、名目賃金と物価を所与（一定）と仮定するのが望ましいだろう。この単純化の仮定をおくと、労働市場を背景に退かせ、財市場と通貨市場のふたつだけにしぼって分析することができる。物価は一定と仮定するので、名目所得と実質所得は区別しなくてもよくなる。両者は同じものとなる。

このような単純化された説明を示したのは、ノーベル賞学者のジョン・ヒックスである（『価値と資本』で有名）。彼は一九三七年四月に「エコノメトリカ」という学術誌に Mr. Keynes and the Classics という超有名な論文を書いて、ケインズの言ったことをコンパクトに要約した。これは、使われた記号によって、ＩＳＬＭ分析と呼ばれている。ケインズ自身も、このヒックスの分析を「私の考えとほぼ同じだ」と評価したことが伝わっている（余計なことだが、筆者はオックスフォードでヒックスと会ったことがある。）。驚くべきことに、このＩＳＬＭ分析はいまでも大学の経済学部で教えられており、まったく古くなっていない。

ＩＳＬＭ分析とは以下のようなものである。図6を使おう。縦軸は利子率であり、横軸は国民所得である。まず、投資と貯蓄の均等を考える。もし所得が一定（所与）ならば、投資も貯蓄も利子率のみの関数となるので、両者がイコールとなるように利子率が決まる。古典派経済学の考え方がこれである。しかし、ケインズはこれを激しく批判した。なぜなら、投資が動けば所得も動き、所得が一定ではなくなるからである。（ここで投資は資本減耗を含まない純

図6　ISLM分析

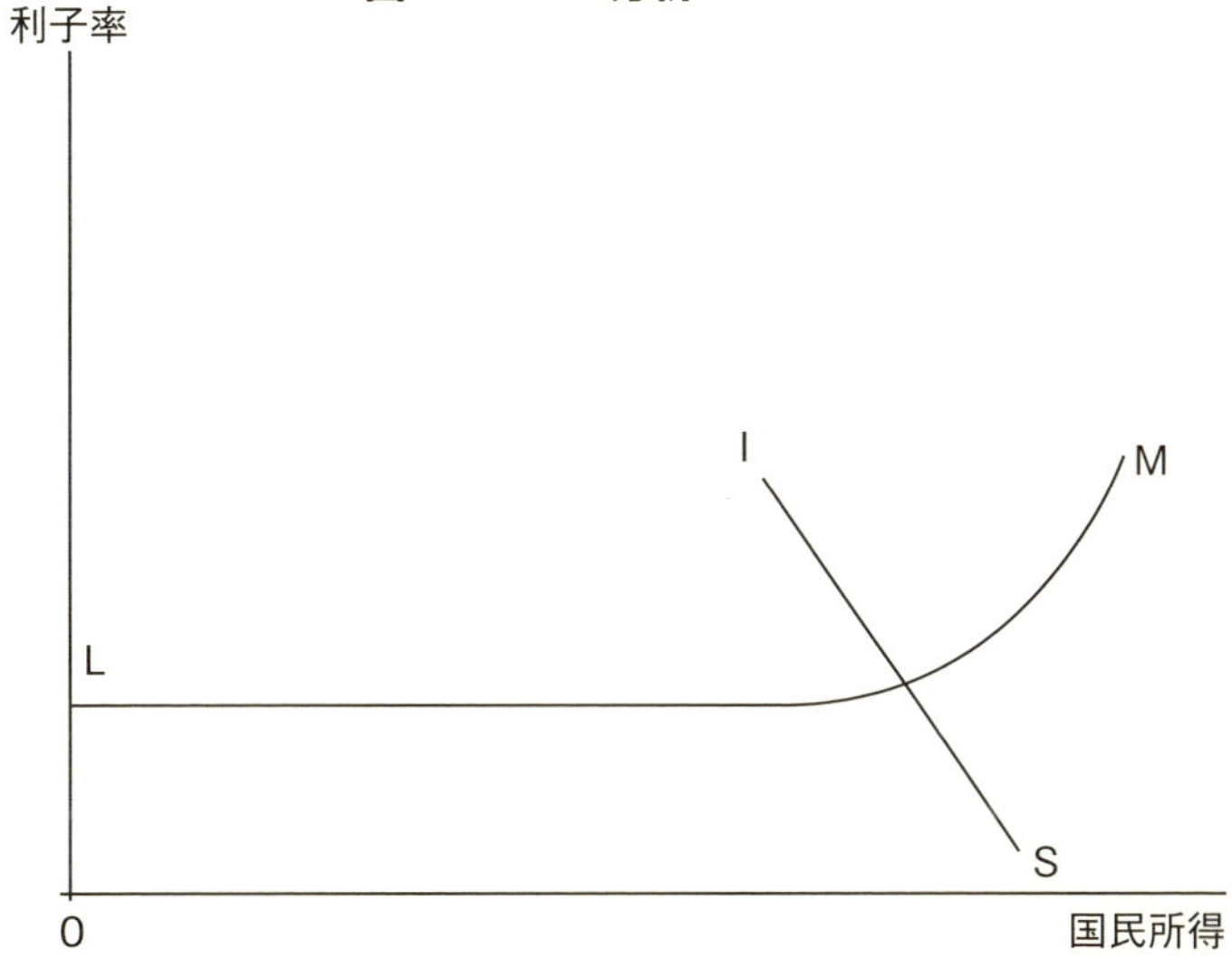

投資とする。しかし資本減耗を含む粗投資としても分析はほとんど変わらない。）

　投資は所得にはほとんど影響されず、利子率が上がれば減る。貯蓄は利子率にはほとんど影響されず、所得が上がれば増える。（所得の一定割合が消費されると考えよう。所得から消費を差し引いたものが貯蓄である。）利子率と所得が動いて投資と貯蓄が均等化するわけだから、両者がイコールとなるような利子率と所得の組み合わせを図６の中に見つけると、右下がりの曲線ＩＳのようになるだろう。利子率が上がると、その効果は投資を減らすが、そのとき所得も減るので貯蓄は減る。したがって、減った投資とちょうど同じだけ貯蓄が減るような所得の減少を考えることができる。そのとき投資と貯蓄のイコールは保たれている。

　利子率が下がるときはどうか。投資は増える。その増えた投資に見合って貯蓄が増えるためには、所得が増える必要がある。増える投資とちょうど同じだけ貯蓄が増えるのに必要な所得の増加を考えることができる。そのとき投資と貯蓄のイコールは保たれている。

　こうして、投資と貯蓄が等しいという条件を実現する利子率と所得の組み合わせはＩＳのような右下がりの曲線となることがわかる。

注意すべきなのは、このＩＳ曲線の上のどの点も投資と貯蓄が等しいことを示すが、利子率が特定の値に決まることを示していないことである。ＩＳはあくまでも利子率と所得の「関係」を示すだけである。古典派経済学者は投資と貯蓄の均等が利子率を特定の値に決めると考えたが、それはまったくの間違いであった。

では、利子率が特定の値に決まり、同時に所得も特定の値に決まるのはどんなメカニズムによるのだろうか。それらを決めるものは、貯蓄投資の均等と通貨需給の均等にほかならない。つまり、図5の中にもうひとつの、通貨需給を表す曲線を描く必要がある。

通貨（銀行預金を除く現金通貨とする）の供給（存在量、ストック）は一定と仮定してよい。問題は通貨への需要である。ケインズは次のような三つの種類の通貨需要があり、需要はそれらの合計であると考えた。

1　取引需要　個人および企業が経常取引を行うために必要とする現金

2　予備的需要　個人および企業が安全確保のために資産の一定割合の現金をもとうとする需要

3　投機的需要　個人および企業が債券の値上がり利益をもはや見込めないときにもとうとする通貨

これらのうち、1と2はわかりやすい。両者をまとめて取引・予備的需要と呼ぼう。これは所得に比例し、所得が大きいと大きくなると見てよい。3は利子率が低いと大きくなると考えられる。これについて、ケインズは次のように述べている。

利子率と債券価格とは、若干の人々の現金を保有しようとする欲求が投機的動機のために利用可能な現金量と正確に均等化する水準において決定されなければならない（若干の人々が現金を保有しようとするのは、彼らがその水準においては債券の将来について「弱気」になっているからである）。かくして、貨幣量が増加するたびに債券価格は上昇し、しかもその上昇は「強気」の人の期待を超え、現金と引き換えに彼の債券を売らせ、彼を「弱気」の仲間に加わらせるのに十分なものでなければならない。

ここから明らかなように、ケインズは債券と通貨のどちらかを選択しようとする投資家を考えている。利子率の低下は債券価格の上昇であるが、利子率がきわめて低くなると、もはやそれ以上は下がらないとみなされるようになるだろう。するとあとは上がるだけとなり、上がれば債券価格は下がるから誰もそれを買わなくなる。これが総弱気の状態であり、投機的な通貨需要はきわめて大きくなる。

このそれ以上下がらない利子率が具体的に何パーセントかは国によるし、時期にもよるだろう。しかし、投機的な通貨需要がきわめて大きくなることは、現在でもしばしば見られる。これが有名な「流動性の罠」である。なお、ケインズは全体としての通貨需要を「流動性選好」という目新しい言葉で呼んだ。流動性とは要するに現金通貨のことだ。

さて、投機的な通貨需要が低い利子率のもとできわめて大きいとすると、通貨需要全体は利子率と所得とのあいだでどんな関係になるだろうか。取引・予備的需要は所得に比例すると見てよい。そして投機的需要は利子率が下がっていくと大きくなっていく。それゆえに、通貨需要全体は所得とともに大きくなり、利子率が上がるとともに小さくなるだろう。

ところで、通貨の存在量は一定である。一定の通貨量は、利子率と所得に依存する需要量と等しくなければならない。それが均衡である。この関係を図6の中に描いたものがＬＭ曲線であり、これは右上がりである。なぜ右上がりか。

利子率が上がると投機的需要は減るが、一定の通貨供給と需要全体をイコールにするためには、所得が増えて取引・予備的需要が増える必要がある。そうでないとイコールにはならない。また利子率が下がると、投機的需要は増えるので、それをちょうど打ち消すように取引・予備的需要は減らなければならない。したがって所得が減らなければならない。このことから、通貨需給の均等を示すＬＭ曲線は右上がりとなることがわかる。

ここで重要なのは、ＬＭ曲線は左下のところでフラットになっていることである。これがすでに説明した流動性の罠であり、この領域では中央銀行がいくら通貨供給を増やしても利子率が下がらない状態となる（通常の金融緩和が効かなくなる）。

それはともかく、ＬＭ曲線は図６の中に描かれている。すでにＩＳ曲線も描かれている。こうして、ふたつの曲線、つまり投資・貯蓄の均等と通貨需給の均等を表す曲線が、利子率と所得の特定の値を決めるのである。これがヒックスによる見事な説明だ。実物的な要素と貨幣的な要素を一体とする説明である。古典派経済学は投資と貯蓄の均等が特定の利子率を決めると考えたが、これは間違いであった。（所得一定を仮定したことが間違いである。所得は投資が変化すれば動く。）

図６を使って金融政策と財政政策を説明することもできる。

まず通貨量の拡大であるが、これはＬＭ曲線の右へのシフトである。ＩＳ曲線を一定とすると、ふたつの曲線の交点は右下へ移動するだろう。つまり、利子率は下がり所得は上がる。

次に、財政政策として一定額の政府投資を考える。これを民間投資に加えると、政府投資の効果を求めることができる。ＩＳ曲線は右にシフトする。ＬＭ曲線を一定とすると、ふたつの曲線の交点は右上に移動するだろう。つまり、利子率は上がり、所得も上がる。

こうして、政策の効果を簡単に分析できるのである。

投資はどう決まるか

企業は投資を行うが、それがどう決まるかは重要な問題である。以上では投資は利子率によって決まり、利子率が下がれば増えると述べた。これは間違ってはいないが、利子率だけで説明することは単純化のしすぎである。ケインズは、重要なコンセプトとして「資本の限界効率」を導入し、これと利子率との相互作用で投資が決まるという見方を打ち出した。これが重要なのである。

「資本の限界効率」とは、企業が資本財（機械設備）を購入するとき、そこから何パーセントのリターンを期待できるかという、そのパーセントのことである。資本財を購入すると、第１年め、第２年め……、第ｎ年めまで収益が期待できるとする。ｎはこの資本財の耐用年数である。資本財が売られる供給価格は機械メーカーが決めるが、一定としておこう。すると、第１年めから第ｎ年めまでの収益をある率で割り引いた現在価値があるだろう。この現在価値を資本財の価格に等しいとおいたときに得られる割引率のことを、ケインズは資本の限界効率と呼んだ。

購入する資本財の量を増やしてみる。資本財は機械とし、企業が購入する機械を１台め、２台め……と増やしてみる。この２台めの機械から期待できる収益の流れは、１台めの機械よりは小さいだろうし、３台めから期待できる収益の流れはさらに小さいだろう。収益の流れが小さくなると、機械の一定の供給価格にイコールとなる収益の割引き現在価値を計算するときの割引率すなわち資本の限界効率はだんだん下がっていくだろう。機械の台数が増えるにつれて資本の限界効率は下がるということである。

このように資本の限界効率は投資量が大きくなると下がっていく。これとくらべるべきものは、企業が投資資金を調達するときの利子率である。利子率は企業が決めるものではなく、市場で決まっており、一定としてよい。この一定の利子率で機械ごとの期待収益の流れを割り引くと、機械ごとに企業が払ってもよいと考える資本財の需要価格が出てくる。１台めの機械の期待収益の流れは大きいので、需要価格は高い。しかし、２台めの機械の期待収益はすこし下がるので需要価格もすこし下がる。３台めはさらに下がる。

さて、企業は何台の機械を購入するだろうか。一定の供給価格に右下がりの需要価格が等しくなるところまで購入するはずである。それ以上購入すると、需要価格は供給価格を下回るので、企業はその機械を買わない。これがちょうどよい機械の台数、つまりちょうどよい投資量を決める。

こうして、資本財が供給される価格（一定としている）と需要価格（右下がり）が一致すると、資本の限界効率と利子率はイコールになるはずである。資本の限界効率は右下がり、利子率は一定なので、両者は必ず交わるはずである。したがって、企業はこのイコールが成立するところに投資量を選ぶ。

企業がこのように投資量を決定するとすれば、利子率と資本の限界効率は等しいと見てよいことになる。これは、投資量が増えれば資本の限界効率は下がるという関係であり、また、利子率が下がれば投資量は増えるという関係である。均衡においては同じものとなる利子率と資本の限界効率は、同じように動くことになる。したがって、これまで利子率が下がると投資が増えると仮定したことは正しかったことになる。

投資の決定は以上のように行われるが、ケインズは、繰り返し資本の限界効率が不安定なものであることを強調している。なんといっても、それは期待収益に依存しているからだ。ケインズは言う。

われわれの決意の基礎をなす長期期待の状態は、たんにわれわれの行うことのできるもっとも蓋然性の高い予測のみに依存するものではない。それは同時に、その予測をするに当たっての確信に……依存する。顕著な事実は、われわれが予想収益を推定するさいに依拠しなければならない知識の基礎が極端に当てにならないということである。投資物件の数年後における収益を規定する要因について、われわれの知識は通常きわめて乏しく、しばしば無視しうるほどである。……一〇年後における収益を推定するに当たって、われわれの知識の基礎がほとんどないか、時にはまったく無であることを認めなければならない。五年後についてさえそうである。

このように将来の収益の不確実性があり、企業家の確信が弱いときには、投資を増やすことはむずかしい。ケインズが強調したのは、資本の限界効率の低下、将来についての確信の欠如によって投資が沈滞しているときには、利子率の低下だけでは投資はほとんど増えないということであった。経験的事実としても、利子率低下の投資への効果は弱いことが多いことは広く認められている。だからケインズは政府投資など政府による介入を主張したわけである。投資が上がるためには、利子率がどうこうよりも企業家の確信のレベルが上がることが必要である。政府投資はそれ自体で総需要を高めるが、同時に確信を高めるという効果をもっている。

一般に、利子率の投資への効果は弱いのであるが、すでにケインズの時代から明らかだったように、多くの企業は銀行から借りて投資するのでなく、自己資金で投資をすることが多い。銀行融資への依存が小さいとすると、利子率が投資を動かすという見方は現実とずれていることになる。この場合、利子率を下げて投資を振興するという考え方は、その基礎が弱いことになる。投資の説明には、利子率に加えて企業の期待利潤という変数が必要だ。

さらに、ケインズは利子率には下限があることを強調している。すでに見たように、人々が利子率は下限まで下がっていると見る状況（総弱気の状態）においては、通貨への需要が大きくなっており、債券を買おうとする人はいない。機械のような実物資産を買おうとする人も少ないだろう。ところが、ふつうは利子率をマイナスにはできないので、低い利子率によって投資を振興することはむずかしいのである。頑固な不況とはこのようなものである。

消費性向と投資乗数

ケインズの経済学の中の柱のひとつは、消費性向と投資乗数である。これを説明しておこう。

ケインズは消費性向というコンセプトを導入したが、これは国民所得の中から消費に回る割合のことである。この消費性向は固定した値ではなく、さまざまな要因から影響を受けて決まっている。ケインズがあげた要因は、賃金、時間的割引率、資産の値上がり、利子率、遺産を残そうとする傾向などである。しかし、けっきょくはこの消費性向はある時点では一定と仮定されている。

この消費性向から投資乗数の理論が出てくる（正確には限界消費性向である）。民間投資はあるレベルから上がることがあるだろう。あるいは、政府投資があるレベルから上がることがあるだろう。そのとき、国民所得は増えるが、国民所得の増分の投資の増分に対する比率のことを「投資乗数」という。これは1よりも大きい。

消費性向をαとしよう。すると、消費はαと国民所得の積である。国民所得は消費と投資の合計であるから、

国民所得＝消費＋投資＝α（国民所得）＋投資

国民所得の増分＝消費の増分＋投資の増分＝α（国民所得の増分）＋投資の増分

となる。

二番めの式は次のように書き換えることができる。

$$(1-\alpha)（国民所得の増分）＝　投資の増分$$

ゆえに　国民所得の増分÷投資の増分　＝　1÷$(1-\alpha)$

二番めの式は投資乗数にほかならない。αは1より小さく、〇・七とか〇・八だろうから、投資乗数は三・三とか五となる。こうして、投資が増えると、その何倍かの所得の増加があることがわかる。

この説明は十分にわかりやすいと思われるが、さらにわかりやすく説明できる。投資が1単位増えたとしよう。それはただちに国民所得を1単位増やす。しかし、それで終わりではない。増えた国民所得にαを掛けたものが消費され、それは消費財産業の所得となる。その所得からさらにαを掛けたものが消費される。この消費は所得となり、さらに消費となる。こうして、1、α、$\alpha 2$……という所得が次々に生み出されるので、その合計が1÷$(1-\alpha)$なのである。ただし、ケインズは二程度の乗数を想定した。これは、投資の三分の一は輸入や土地購入のような国民所得の増加にならないものに回るからである。αを三分の二とし、投資の三分の二が国民所得の増加に回るとすると、乗数は二となる。

もちろん、かなり大きい投資乗数は、時間が無限に経過したときに実現するものであるが、その大部分は三年めまでには出てしまう。あまり長い時間は必要ではない。

投資の増分が国債発行（財政赤字）によってまかなわれる場合、もちろん財政赤字は残る。ただ、国民所得がかなり増えるので、そこから税収の増加が生まれる。したがって、当初の財政赤字はある程度小さくなることに注意が必要である。

じっさいにこの政策をとった場合、投資乗数がどんな大きさになるかは経済の状況によるだろう。一般には、消費性向のαが大きければ大きいほど投資乗数は大きい。

国民所得の増分の投資の増分に対する比率（投資乗数）でなく、最終的な雇用の増分の当初の投資増加による雇用の増分に対する比率を考えることもできる。これが雇用乗数である。

投資乗数にしても雇用乗数にしても、ケインズはかなり大きな値を想定していた。それが政府投資による不況からの脱出の主張につながったのである。

ケインズ政策への批判をどう評価するか

一九五〇年代、一九六〇年代には、世界的に、財政政策の意味でのケインズ政策はおおむね好意的に受け入れられていたと言える。また、幸いなことに、企業によるイノベーションが盛んであり、需要も旺盛であったから、ケインズ政策の出番はあまりなかったとも言える。

ところが、一九七〇年代になると、ケインズ政策への批判がおこってきた。批判のひとつは、ケインズ経済学が依拠していた物価と賃金の硬直性と民間経済の自己調整力の弱さは経済の実態を正しく反映していないのではないかというものである。たしかに、価格が動いて問題が解決されるという傾向はある程度出てきたとは言えるだろう。しかし、不況のときに物価が下がって需要が増え、それで不況が治癒するというような単純なものではなかったように思われる。

もうひとつの批判は、ケインズ政策が悪用され、わずかな不況でもすぐに国債発行による財政政策が発動され、国債の累積がおこったではないかというものである。この批判は正しい。多くの国で、一九七〇年代以降は国債発行が増え続けたことはたしかである。

しかし、これは真のケインズ政策への批判とはならないものだろう。ケインズはわずかな不況でもいちいちケインズ政策を発動せよとは主張しなかったのである。経済が好況のときは、増税とか支出削減によって国債を償還するのが真のケインズ政策なのである。安易なケインズ政策の発動はいいかげんな政治家がやったものであり、それについてケインズの責任を問うのはいかがなものかと思う。

たしかに、ケインズには理想主義があり、財政政策を政治から独立に、専門家が自由に運営できるという想定があった。つまり、政治の現実を十分に織りこんでいなかったという批判ならばかなり当たっている。しかし、これは根本的には、政治から（財務省からも）独立した財政政策の審議機関をつくって解決すべき問題であろう。

二〇一〇年代のいま、世界的に低成長、長期停滞の気配がしのび寄っている。そこで多くの国は量的緩和という金融政策をやっているわけだが、すでにマネーが過剰になっているところにさらにマネーを飽和させるような政策をとっているわけである。これは苦しまぎれの政策であり、ベストな政策とは言えないだろう。このようなときこそ、本来のケインズ政策（財政政策）の出番ではないか。

もちろん、政府債務が累積しているので、財政政策には限界がある。しかし、債務が増えすぎないように注意し、政府投資の分野も無駄のないように注意すれば、財政の余地はまだある。また、政府投資だけがケインズ政策ではない。民間投資への補助金、研究開発投資への減税などはもっとやってよいものである。さらに、個人消費を高める政策も、広い意味ではケインズ政策であり、この分野でもクリエーティブな政策が必要であろう。

最後に残る問題は、高い雇用を維持するために恒常的に財政政策を使うのかという問題である。ケインズはしばしば「慢性的失業」という表現を使っている。失業が慢性的なら対策も恒常化するだろう。しかし、拡大的な財政政策を恒常的に行うことは明らかに不可能である。雇用の量と質を改善するためには、教育政策や労働市場政策を使うべきであろう。

物価はなぜ硬直的か

物価と名目賃金が硬直的であることはケインズ経済学の特徴であるが、ここでは物価がなぜ硬直的になるのか、そのもっとも単純化された説明を行う。短期のみを考え、時間の経過の中で企業がどう行動するかは問わないこととする。

経済には多くの独占的競争を行う企業があるとしよう。企業の数をＫ（一定）とする。どの企業も同質的と仮定し、その保有する資本ストックは同じ大きさとする。任意の企業をとる。この企業が設定する自らの生産物の価格は、利潤最大化から導ける。この価格が需要が変動しても変化しないことを示せれば、経済全体としても物価が変化しないことになる。

この企業（iという番号をつける）が直面する需要（実質）qiは、ほかの企業が設定している価格Pに対するこの企業が設定する価格Piの比率とマクロの総需要（実質）DをKで割ったものの関数であろうから、次のように書ける。

$$qi = (Pi/P)^{-\eta} (D/K)$$

ここで、Pはほかの企業が設定している価格の平均であり、所与とする。ηは需要の価格弾力性である。ηはどの企業についても同じとし、1より大としておく。実質価格（Pi/P）が1％上がるとqiはη％下がる。

ここで単純な利潤最大化を考える。実質の売り上げは(Pi/P)qiである。これから総費用を差し引いたものが利潤である。総費用としては労働者に払う賃金のみを考える（原材料・部品を無視する）。つまり、生産は資本ストックと労働のみで行われるとする。

名目賃金をWとしよう。qiという生産を行うためには、生産関数を

$$qi = f(Ni)$$

とすると、Niという数の労働者が必要であるから、労働者に払う賃金の総額（実質）は

$$(W/P)\ Ni = (W/P)\ f^{-1}(qi) = (W/P)\ g(qi)$$

である。ここで、f^{-1}あるいはgは、fの逆関数である。企業は名目賃金を影響することはできず、労働市場で決まるWを所与と受けとめる。

　利潤π_iは次のように定義される。

$$\pi_i = (P_i/P)q_i - (W/P)\, g(q_i)$$

これを最大化するには、実質の限界収入と限界費用を等しくすればよい。実質限界収入MRは売り上げをq_iで微分したものであるから、

$$MR = (P_i/P)(\eta - 1)/\eta$$

また、実質限界費用MCは賃金総額をq_iで微分したものであるから、

$$MC = (W/P)\, g'(q_i)$$

である。MRとMCをイコールとおくと、

$$P_i/P = (\eta/\eta - 1)(W/P)\, g'(q_i)$$

となる。これが最適な実質価格である。これをはじめの需要量q_iの式に代入してq_iについて解けば最適な生産量も求まる。求まったP_i/Pとq_i（実質賃金と総需要に依存する）をπ_iの式に代入すると利潤が確定す

る。労働者への需要（qiから決まる）も実質賃金と総需要によって決まることになる。

以上は、企業が自由に価格を設定できる場合である。しかし、マクロの需要量Dが変化したときに、この企業は価格を変化させるだろうか。一般には、利潤最大化をやり直して、別の実質価格を決めるであろう。たとえば、マクロの総需要Dが増えたとすると、はじめに示した需要関数は上方にシフトするので、MRも上方にシフトする。このとき、利潤を最大化する実質価格は上がる。最大化される利潤は前よりも増えるだろう。しかし、実質価格を据え置いても、利潤はある程度増えるだろう。

問題は、より大きなDのもとで、価格を上げたときの利潤と価格を据え置いたときの利潤の差額がどれくらいあるかというところにある。価格を上げたときの利潤は据え置いたときの利潤よりも大きいのであるが、価格を上げたときの新しい価格を顧客に知ってもらうための費用、いわゆるメニュー・コストの問題がある。これは、たんに紙や印刷の費用だけを意味するのではなく、顧客を失うリスクなども含むコンセプトである。じっさいのコストでなく、企業経営者の主観的コストも含むコンセプトである。

このメニュー・コストが大きければ、価格を引き上げたときのより大きな利潤からこれを差し引くと、価格を据え置いたときの利潤を下回ることもありうる。この場合には、価格の引き上げは行わないほうがよいわけである。任意の企業が価格を据え置く場合、ほかの企業も同じ行動をとる可能性は大きいだろう。そのとき、物価全体が硬直的となる。

このように、メニュー・コストの存在は、価格改定の障害となりうる。もちろん、これは価格据え置きがつねに企業にとってベストということではない。価格を変更せざるを得ないような大きなショックがおこることもある。ただ、価格が据え置かれることのもっとも有力な説明はメニュー・コストにあると言える。

第五章　景気はなぜ変動するのか

恐慌はなぜおこるか

ケインズの『一般理論』の中では、以上の第四章で述べたようなことが注目されてきたわけであるが、景気変動を論じた章はほとんどとりあげられてこなかった。これはフェアではないだろう。ケインズの景気変動論には鋭い観察がたくさんある。

ただし、『一般理論』の景気変動論は断片的であり、より深い分析は一九三〇年一〇月に出版された『貨幣論』（第Ⅰ巻と第Ⅱ巻）にあるので、それを参照する必要がある。

なお、ケインズは、『貨幣論』においては景気循環とか景気変動という表現を使わず、「信用循環」という表現を使っているが、これは循環が純粋に貨幣的・金融的な現象であるかのような印象を与えるので適切ではないだろう。『一般理論』になると景気循環という表現に変わっている。景気変動は実物的な要因と貨幣的な要因が複合しておこるものであるから、景気循環のほうがよい。しかし、最近は循環の規則性があまり見られないので、筆者は景気変動という表現がもっとも適切であると考えている。

ケインズは、『貨幣論』において、まず貯蓄と投資が等しく、経済（国民所得）が均衡している状態から出発している。ここから好況をおこす始発的要因として、人口の増加、新しい技術上の発見、何らかの事情による投資リスクの低下などが指摘される。その結果、資本の限界効率が上昇するので、固定資本への投資が増え始める。このあたりの説明にはとくに新しさはない。

しかし、ケインズはここで、「経営資本」という新しいコンセプトを導入する。これは「生産、製造、輸送、小売りの過程にある財貨の合計」と定義されており、きわめて広く定義されている。これは一種の回転基金であるが、ケインズはこれが国民所得の四〇〜五〇パーセントにもなる大きな存在であると推計している。固定資本は国民所得の二倍から三倍にもなる大きな存在であるが、経営資本もそれに次ぐ大きさなのである。この経営資本の中には、正常な在庫ストックが一部分として含まれるが、在庫ストックよりははるかに大きい。ケインズは、その景気循環論において、固定資本への投資と経営資本への投資を同じように重要なものとして論じている。

経営資本は正常な在庫を含むが、意図せざる在庫を含んでいない。ケインズは意図せざる在庫を流動資産と定義しており、流動資産はふつうの定義よりも狭く定義されている。意図せざる在庫は不況が始まるときに増えるが、これは金額が小さいという理由でケインズは重視していない。この見方はユニークである。

さて、資本の限界効率の上昇があると、まず生じるのは経営資本への投資の増加であり、固定資本への投資の増加はすこし遅れておこる。いずれにしても、好況の前段階では、投資の増加がおこる。投資の増加は固定資産財の生産の増加である。固定資産財の生産が増えるのは、それがそれらの財の価格の上昇によって支えられるからであろう。この段階で、固定資本財を生産する企業は、手持ちの貨幣の支出を増やすか、あるいは銀行から借りた貨幣を支出するだろう。

このときすでに消費財の生産も増え始めるとされているが、本格的に消費財の生産が増えるのは好況の後段階であるとされる。生産の増加によって国民所得は増えるが、これが本格的な消費の増加となって表れるのはこの後段階であると考えられているようである。

これらの好況の前段階でも後段階でも、物価が上がる。その理由は、固定資本財の価格の上昇と消費支出の増加である。消費支出の増加はおもに生産の増加による労働者の雇用の増加と賃金の増加によっておこる。生産費はすでに決まっている部分もあるので、投資と消費の増加にともなって企業の利潤は増える。これが景気の上昇の概略である。この過程で、銀行の与信は増え、利子率と証券価格は上がると考えてよい。

では、景気の不況への反転はどのようにしておこるのか。ケインズは、この反転の原因として、新投資の魅力の低下、金融のひっ迫などをあげているが、やはり基本は資本の限界効率の低下である。なぜ資本の限界効率が低下するのかといえば、金融のひっ迫という要因が大きい。貨幣への需要を考えると、好況によって金融的な流通にまわる貨幣が増えるので、産業的な流通にまわる貨幣が減ってしまうということが十分にありうる。それゆえに市場の利子率は高くなり、それによって企業のデフォルトや事業の損失が増えることになるだろう。

市場利子率は経済に非対称的な効果をもつのがふつうである。高い利子率は投資を抑制するが、低い利子率が投資を回復させる効果はかぎられている。

こうして、いったん不況が始まってしまうと、ある期間はどうしようもない。企業は生産を減らすが、物価はしばらくは下がる。利潤が減り、雇用も減り、賃金も下落の傾向となる。資本の限界効率が下がっているので、固定資本への投資、経営資本への投資は減少する。不況期においても、固定資本への投資がマイナスになることはない（なぜなら更新投資があるから）が、経営資本への投資はマイナスとなるのがふつうである。この過程で、銀行の与信は減り、証券価格は下がる。固定資本と経営資本への投資が、一定期間のあとで下げ止まると、不況の終わりが見えてくることになる。

以上は景気変動の大まかな説明であるが、ケインズは『一般理論』の中で、不況とは区別される「恐慌」の分析も行った。これは一九二九年以来の世界の大恐慌に影響されたためであると考えられる。ふつうの景気循環では、必ず恐慌が現れるわけではない。恐慌はやはり特別な現象であり、特別な分析を要するだろう。恐慌においては、企業は投資を激減させ、更新投資さえやめてしまうという事態になる。銀行恐慌がおこり、証券価格が暴落することが分析されねばならない。

ケインズは、資本の限界効率の崩壊を恐慌の始動的原因と見て、次のように分析した。

　耐久資産の場合には、将来に関する期待が、有利と考えられる新投資の規模を決定するに当たって支配的な役割を演ずることは当然であり、合理的である。しかし、……このような期待の基礎はきわめてあやふやなものである。変わりやすく、当てにならない根拠にもとづいているために、期待は急速かつ激甚な変化にさらされている。

ケインズは、恐慌の特徴は資本の限界効率の崩壊にあると見るが、なぜこのような現象がおこるのか。好況の後段階では、実物投資も金融投資も過剰になるので、企業の破綻、あるいは投資家の破綻がおこる。ケインズは『一般理論』で次のように言う。

好況の後段階は、資本財の将来収益に関する楽観的な期待によって特徴づけられており、その期待は資本財の過剰化傾向も、その生産費の上昇も、おそらくはまた利子率の上昇も相殺するほど強力なものである。過度に楽観的な、思惑買いの進んだ市場において幻滅が起こる場合、それが急激なしかも破局的な勢いで起こることは、組織化された投資市場の特質である。……資本の限界効率の崩壊にともなう狼狽と将来についての不確実性は、当然に流動性選好の急激な増大を促す――そのため利子率の上昇が起こる。……事態の核心は資本の限界効率の崩壊の中に見出されなければならない。

さらにケインズは、好況の後段階における利子率の上昇が恐慌の引き金となるという通説を批判している。たしかに、資本の限界効率の崩壊は利子率の上昇とほぼ同時におこる傾向がある。しかし、流動性選好（通貨需要）が強まり利子率が上がるのは、ケインズによれば、限界効率が崩壊したあとである。恐慌を起動するのはあくまで資本の限界効率の崩壊である。これをケインズは次のように描写している。

好況が続いていた間は、新投資の多くは一応満足すべき現行収益を示していた。幻滅が生ずるのは予想収益の信頼性が急に疑わしくなるからであって、それはおそらく新しく生産された耐久財のストックがたえず増加するにつれて、現行収益が低落の徴候を示すからである。……ひとたび疑いが始まると、それは急速に拡がるものである。

こうして、資本の限界効率が下がると、それは強情な心理によって決まっているので、回復させるのは容易ではない。

では、恐慌が底を打ち、不況へ移行するのはどのような仕組みなのか。この点になると、ケインズの説明ははっきりしない。ふつうの不況の終わりについては次のような説明がある。

下降運動の持続は偶然ではない一定の長さをもっており、その長さは、……三年ないし五年という幅の習慣的な規則性を示しているが、その理由は、第一に、一定の時代における正常な成長率との関係における耐久資産の寿命の長さによって与えられ、第二に、余剰在庫の持ち越し費用によって与えられる。

余剰在庫は不況の特徴であり、意図せざる在庫が積みあがると、企業の利潤は下がるだろう。在庫が正常なレベルに減るまでは不況は続くだろう。好況のときに投資された耐久資産は新しい投資を妨げる。その寿命が終わるまでは新投資はおこりにくいだろうから、これも不況の長さを決めるだろう。

しかし、これはふつうの不況の終わりであって、恐慌の終わりではない。恐慌がおこってしまった場合、それを終わらせるには、政府と中央銀行による経済への大規模な介入しかないということであろう。

しかし、かりに恐慌からは脱出できたとしても、そのあとの不況は長引くことが多いだろう。なぜ、恐慌のあとの不況は長期化するのか。ここでは十分に論じられないが、自然利子率が大きく低下するのに対して市場利子率が十分に下がらないことがそのおもな理由となるように思われる。市場利子率が十分に下がらないのは、ふつう金利にはゼロという下限があるからであるが、これをマイナス金利政策によって乗りこえようとしても、自然利子率が大きくマイナスの領域にまで下がっていれば限界はある。自然利子率は、事前的な投資と貯蓄をイコールにするような利子率であるが（常識的な定義）、それがいったい何パーセントであるのかを知ることはきわめてむずかしい。それは事後的にのみ知り得る。だから恐慌のあとの停滞への対応はむずかしいのである。

過剰投資は抑制すべきか

恐慌とそれに続く不況は好況の中で行われる過剰な投資の破綻が原因でおこる。ゆえに、過剰な投資がおこらないように利子率を上げてそれを抑制すべきだ。――これは一般的に信じられている考え方である。しかし、ケインズの考え方は、これとは違う。次のような説明がある。

このような結論は重大な誤謬を含んでいる。なぜなら、過剰投資という言葉があいまいだからである。その言葉は、はじめの期待を裏切ることになった投資、すなわち深刻な失業状態のもとでもはや不用となった投資を指すこともあるし、あるいは各種資本財が著しく豊富なために、……存続期間を通じて取替原価以上の収益を得ると期待される新投資が存在しないという状態を示すこともある。私の分析にしたがえば、好況が過剰投資によって特徴づけられるのは、前者の意味においてのみである。私が典型的なものとみなしている状態は、資本が豊富なために社会全体としてもはや合理的な用途を見出すことができない状態ではなく、投資がけっきょく失望に終わる期待によってひきおこされるために、不安定な、永続できない状態で行われている場合である。

つまり、ここでカギとなるのは、過剰投資という言葉の意味である。ケインズは、「けっきょくは失望に終わるような期待によっておこる投資」がその意味だとし、好況の後段階におこるのがこの意味での過剰投資だと言う。

これはきわめて鋭い観察である。経済が好況でもなく不況でもないノーマルな状態のときに行われる投資が、二パーセントの収益をもたらすとしよう。好況のときには、この投資がたとえば六パーセントの収益をもたらすと期待される。ところが幻滅がやってくると、ゼロ以下の収益しかもたらさないという期待に変わる。ノーマルな状態では二パーセントの収益を期待できたのに、不況になると投資が落ちこみ、状態が悪化して、収益がゼロパーセント以下となるわけである。

このような不況による収益期待の行き過ぎた低下が明らかにする過剰投資は、ノーマルな状態のもとでは過剰ではない（二パーセントの収益を稼げる）。不況になったからこそ過剰投資が目立つわけである。

したがって、ケインズは「好況のときの過剰投資を抑えるには、利子率の引き上げではなくその引き下げが必要」という逆説的な結論を出した。言い換えると、「景気変動に対する正しい対策は、好況を除去し、いつまでも半不況の状態を続けることではなく、不況を除去し、経済をいつまでも準好況の状態においておくことでなければならない」ことになる。

たとえば、一九三〇年代の大不況下の米国をとれば、この結論は腑に落ちるだろう。このころの米国で、追加投資をやっても投資費用をまったく回収できないほど投資が過剰になっていたと見るのは馬鹿げている。不況による資本の限界効率の低下によって投資が過剰になっているように見えたことはたしかであるが、大部分の投資は、正常な経済であれば過剰ではなかっただろう。米国では、不況にもかかわらず利子率が高かったが、これも本来なら合理的に行えたはずの投資を抑圧する一因となった。

しかし、利子率を下げて好況を長引かせるというケインズの政策は、あまりに技巧的すぎて実行は不能であろう。ケインズの言いたいのは、行き過ぎた好況を抑制し、恐慌と不況がおきないようにすべきだということであり、これを原則とすべきだということならば正しい。好況と不況の波をならして激しい景気変動を抑制し、平均的な国民所得のレベルを上げることは可能であると思われる。

過少消費への対策

不況においては投資が沈滞しているが、同時に個人消費も沈滞している。したがって、投資を振興することも消費を振興することも必要である。

ケインズは、あまりくわしくないが、消費の振興策も提言している。たとえば所得税制の累進度を上げ、高所得者から低所得者へ所得を再分配し、社会全体の消費性向を上げることである。このほかにも、いろいろな政策があるだろう。世襲財産（遺産）が大きすぎることも消費を減らすので、相続税を上げて財政支出をまかなうことも有効な場合があろう。さらに、失業手当のような社会保険を充実させることも有効であろう。

消費が過少ということは貯蓄が過大ということである。ではなぜ貯蓄は過大となりうるのか。

人々が将来について不安だからである。とくに不況時においては、失業の不安が高まるので、働いているあいだに十分な貯蓄をやっておこうという傾向が強まる。しかし、完全雇用をめざす政策が奏功すれば、失業の不安を原因とする貯蓄は不要となり、消費は上がる。

過剰貯蓄は過少消費であり、不況を強めかねない。将来の安心のためであるはずの貯蓄がかえって不況を呼びこみ、不安を高めてしまうことは十分にありえよう。そのような場合、個人個人が貯蓄を増やすことは、社会全体としてはかえって逆効果となろう。したがって、どうしても社会全体としての政策が必要となる。ケインズ的に考えるとこうなる。

利子率を下げて貯蓄を減らし消費を増やせないかと考える人もいるかもしれない。しかし、利子率の貯蓄への影響はふたつの方向があり、お互いに打ち消しあってしまう。利子率が低いと、貯蓄からのリターンは低いので、貯蓄の意欲が下がる人はいるだろう。しかし、リターンが低いがゆえに一定の額のリターンを欲する人はかえって貯蓄額を増やすということもあるだろう。けっきょく、利子率の貯蓄への効果ははっきりしないのである。

資本の飽和はありうるか

短期的に投資が過剰になる理由は以上でわかったが、長期的に過剰となることはあるだろうか。ケインズはあると考えた。それは資本が飽和するような状態である。これは論証というよりは資本主義の将来についてのビジョンの問題である。

すでに第三章で述べたことだが、ケインズは一～二世代（五〇～六〇年）のうちには資本のリターンが減価償却をまかなうだけしか得られない資本の豊富あるいは飽和の状態が到来するというビジョンをもっていた。これは社会の資本ストックというものへの需要にかぎりがあり、毎年行われる投資を続けていけばその資本ストックは一～二世代ほどのうちに到達されてしまうというビジョンである。

投資へのリターンが減価償却をまかなうだけしかなく、純リターンがゼロのような状態は、資本が飽和している状態である。投資しても、粗リターンは正でも純リターンがゼロなので、更新投資（減耗する資本の置き換え）はあるが、純投資はゼロとなる。資本ストックは成長しないので、経済成長もゼロとなる。

言い換えると、資本があまりにも豊富であるために、取替原価以上の収益を得ると期待される新投資がなくなっているという意味で投資が過剰になっている。

ケインズはこのような意味で資本が飽和している状態を好ましいと見た。これは経済学者がいう定常状態であり、ある意味で人々が満ち足りた状態にあることを意味する。純投資が行われず、経済成長がないということは、人々がこれ以上の所得増加を望まない状態であると言わざるを得ない。

二〇一〇年代の現在、日本経済は純投資も経済成長もゼロに近いので、このような定常状態に近いと言えるだろう。資本はたしかに著しく豊富である。

しかし、ケインズはこのような状態を一～二世代先に予測していたことを見落としてはならない。『一般理論』の出版から一～二世代先というと二〇〇〇年ごろであるが、二〇〇〇年ごろの先進工業国を見ると、純投資、経済成長はまだゼロにはなっていない。この意味で、ケインズの予測はすこしずれたのである。しかし、まったく的はずれではないように思われる。あと二〇年ぐらいのうちに、投資の純リターンがゼロとなる可能性は大きい。

問題は、二〇一〇年代になってケインズの予測が的中し始めたのかどうかということである。世界の先進工業国では、停滞の兆しがあちこちに見られるようになった。日本はとくにそうである。

振り返ってみると、一九世紀には、資本の限界効率は高かった。産業革命があり、人口の伸びは高く、植民地を含めて市場の成長もはやかった。一九世紀を通じて、イギリスでは国債の金利は五パーセントを維持することができたが、その背後には実物投資の高いリターンがあった。ところが、二〇世紀末から現在にかけては、資本へのリターンが大きく下がったことはたしかであろう。しかし、これは悲しむべきことではないだろう。資本が豊富になり、人々の生活が豊かになったことはたしかなのだから。

かりにケインズの予測がいま当たり始めているとしても、それが満ち足りた定常状態なのか、それとも不満足が残る長期停滞なのかは、よく考えてみる必要があろう。両者の違いは紙一重であり、見分けることは非常にむずかしい。ケインズ的なビジョンを資本飽和の仮説と呼び、資本主義の何らかの機能不全によるゼロの投資リターンを長期停滞の仮説と呼ぶことにしよう。どちらの見方が正しいのかの判定はここでは避けたい。

飽和的な資本ストックの出現は近いというケインズのビジョンは、人口の伸びがゼロとなるという予測と結びついていたが、同時に技術革新がなくなるという予測でもあった。ケインズは、新技術の発生、新しい財やサービスの普及によって資本主義が活力を取り戻すという可能性はほとんど認めなかった。ケインズは正しいと思うが、議論の余地はあろう。

たしかに、最近の技術革新は小粒なものばかりであり、かつての自動車、家電製品、映画、スーパーとコンビニのような大型の革新はなくなった。技術革新の焦点は医療のような別の分野へ移っている。いずれにしても、資本のリターンを上げるのはむずかしくなっている。これは長期停滞の仮説につながるだろう。

しかし同時に、資本ストックの量がきわめて大きくなったという事実がある。投資の純リターンが下がるのは不可避である。これは資本飽和の仮説につながるだろう。

いまや多くの国で、トレンドとして純投資はわずかになったが、貯蓄は小さくなっていない。それゆえ、カネ余り、貯蓄余りの現象がバブルの問題をひきおこしている。どちらの仮説が正しいにせよ、その対策は、投資、貯蓄の低いリターンに慣れることと、たんなる短期政策でない消費性向の引き上げであろう。

所得再分配の必要

多くの国で、いまや所得分配の不平等の問題はいよいよ深刻になっている。これは資本主義の機能不全の中でも最たるものであろう。

所得分配の不平等が強まると、高所得者の消費性向は低いので、社会全体の消費性向は下がる。なので消費は沈滞せざるを得ない。

二〇〇〇年前後には、多くの国で自由放任主義の傾向が強まったが、そこで強調されたのは、第一に、所得税率を下げると高所得者はより働くようになり、経済成長が高まるということである。もしこれが正しければ、その恩恵は低所得者にも及ぶ。

第二に、「トリックルダウン」である。金持ちがさらに金持ちになることは悪くない、なぜなら彼らが消費を増やせばその「おこぼれ」が低所得者にも回ってくる、という考え方である。しかし、これらの考え方は間違いであることがはっきりした。高所得者は、所得税率がどうであれ、よく働くので税率はほとんど関係ない。また、彼らはやはり、あまり消費してくれないのである。手もとにあるカネが増えることがうれしいのである。マイクロソフト社のビル・ゲイツ（億万長者）は、ハンバーガーを好んで食べているそうではないか。

不平等な所得分配は、資本主義が「ひとり勝ち」の傾向をもつところから生まれている。上位一パーセントの人が国民所得と国富の大部分をもつという驚くべきことが明らかになっている。

ひとり勝ちとなるのは、最近の資本主義が分配に気を配らないからである。多くの国で、政府に対する金持ちの影響が強まっており、そのために高所得者への減税が行われてきた。とくに、所得の中でも資本所得（配当、キャピタルゲインなど）に重点的な減税が行われてきた。労働所得よりも資本所得への税率が低い国はざらにある。

米国では、高所得者の払う所得税があまりにもわずかなので、最低限払う所得税が決められたほどである。かつては、所得税の最高税率が七〇パーセントというような国はざらにあったが、いまではせいぜい四〇パーセントであり、しかも特別措置が多いので実効税率はこれよりもはるかに低い。

筆者は、必ずしも最高税率をむかしのように七〇パーセントとか八〇パーセントにすべきだとは考えない。しかし、特別措置による金持ち減税はやめたほうがよいし、資本所得に対する税率を労働所得よりも低くすることもやめたほうがよいと考えている。一部の論者は、労働所得に対する限界税率は所得が上がるにつれて低くすべきであり、資本所得に対しては非課税とすべきだと論じているが、まったくの誤りであろう。

高所得者への課税強化は、所得分配の不平等を減らし、社会の消費性向を高める切り札となるだろう。その結果、経済成長は確実に高まるだろう。これによって長期停滞をかなり防ぐことができるはずである。

ただし、高所得者からの税収を何に使うかも考えねばならない。そのすべてを低所得者に現金で配ることは避けたほうがいい。いくら消費を増やせといっても、ギャンブルや酒に使われたのではまずい。使い道を限定した現物給付を増やすべきだろう。たとえば公立学校の授業料の無償化、保育所の無償化などである。

賃金の低下への対策はあるか

所得の再分配は、課税前の所得の分布が不平等なときに考える政策である。しかし、本当は、それをやる必要がなければそれに越したことはない。課税前の所得分布が平等であればいいわけである。しかし、課税前で不平等が強まった。その大きな理由は、ＩＴと安い輸入品の増加である。

長期停滞の仮説が正しいとして、その有力な理由はＩＴの広がりと安い輸入品の増加である。これらによって賃金がダラダラと下がることになった。ＩＴと輸入品は別々の要因であるが、両方ともグローバルな現象なので、ひとつにまとめて論じることができる。

ＩＴのマイナスはかなりのものである。ＩＴによって省力化が可能になったので、労働需要はひとにぎりの幹部に集中し、あとの単純労働は非正規労働者とかアルバイトがやればすむことになった。いろいろなソフトウエアは事務職の社員の数をずいぶん減らしてきた。これも正社員の賃金にマイナスの影響を及ぼす。

ＩＴによって多くの安いサービスが提供されるようになったことも賃金にはマイナスだろう。たとえばスマホに提供される無料のゲームは、映画、外食、ゴルフなどの有料の娯楽への需要を減らしただろう。本や新聞などの活字媒体が売れなくなったのもＩＴの影響だろうが、いいことではない（ただし、ＩＴが情報の収集、普及に大いに役立っていることは認めてよい。また、ＡＩやロボットの広がりも認めていいだろう。）。

安い輸入品は、労働集約的な製品であり、発展途上国の安い労働力を利用している。これは間接的に労働を輸入していることになり、国内の賃金にはマイナスの圧力がかかる。ゆえに、安い輸入品の輸入はほどほどにとどめなければならない。

ＩＴと安い輸入品を制限する方法は、ないわけではない。ＩＴを使わない技術を開発すること、その方向へ企業を誘導することはできる。また、安すぎる輸入品に対しては関税をかける――これはできない相談ではないだろう。

米国は極端なケースであるが、労働者の賃金が下がり続けていることの大きな理由として、金持ちが政治に大きな影響力をもつようになったことのほか、経営者が賃金の切り下げによって自分の高報酬を得るようになったことをあげておく必要がある。経済格差を抑制するための政府の政策を福祉政策だといってつぶしてきたのは金持ちクラスであり、ほとんどの政治家がそれになびいてしまう。また、経営者にとっては、もっとも安易に利益を増やす方法は賃金の切り下げと非正規労働者の雇い入れであり、コーポレートガバナンスはこのような行動に対してまったく無力である。現在のガバナンス論は、労働者（社員）の権利を守るという点において弱すぎるのではないか。

第六章　戦後の国際通貨システムづくり

第二次世界大戦の前の国際通貨システム

ケインズがその晩年において全力で取り組んだのは、第二次世界大戦のあとの国際通貨システムの再建の問題であった。ケインズの計画は「国際清算同盟」として知られている。

この計画は、戦後の国際通貨システムについてのイギリスの提案となり、一九四三年四月に政府が発表した白書の中で説明されることになった。政府の提案であるから、もちろんケインズだけが関与したわけではないが、ほとんどはケインズが考えたものであった。

第一章でも述べたように、一九四四年七月、米国ニューハンプシャー州のブレトン・ウッズという町で、ドイツ、日本と交戦中の連合国（四四か国）が集まって通貨金融会議を開き、「国際通貨基金」を設立するための協定に署名・調印した。この国際通貨基金はケインズの国際清算同盟案とは違い、米国が提案したものである。しかし、ケインズのアイデアもすこしは取りこまれていたので、ケインズ案がまったく米国案に完敗したと言ってしまうのは言い過ぎだろう。

ケインズが心血を注いで国際通貨システムの問題を考えたのはなぜか。それが戦後の世界経済にとってもっとも重要な問題となると考えられたからである。なぜそう言えるのか。

この問題の重要性を理解するためには、第一次世界大戦と第二次世界大戦のあいだ（大戦間期）の世界経済が解決できなかった問題を振り返る必要がある。これはすでに多くの現代経済史の本が明らかにしていることであるが、あらためて整理しておくことが必要だ。

大戦間期における国際通貨関係は、いくつかの致命的な欠陥をあらわにした。

第一に、金が慢性的に不足していた。その中で金本位制を維持するためには、金為替の活用という工夫が行われた。しかしそれでも、為替レートに不安があれば、金為替は金に交換される。そこで金の流出を防ぐため金融を引き締める傾向となり、全体的にデフレ的であった。とくに、国際収支が赤字の国においては、金・外貨準備が減るのであるから、それを守るための引き締めは避けられない。これに対して、国際収支が黒字の国は金・外貨準備が増えるのを見ていればよく、何も行動をとる必要がない。黒字国には責任がないとされていた。

第二に、経常収支（貿易収支と貿易外収支の合計）が赤字の国は、理論的にはその赤字をファイナンスするように外国から資本が流入し、資本収支が黒字になるはずであるが、じっさいにはむしろ逆で、経常収支が赤字だと資本が流出して資本収支も赤字となることが多かった。これが金と外貨準備の喪失を激しいものとする。

第三に、金の公定価格の変更による各国の通貨間の為替レートの変更は行われたが、政策協調は行われず、自国の都合だけで行われた。為替レートは必ずふたつの国の通貨の関係であるから、両国が相談し、合意したうえで変更するのがスジであろう。ところがそういうことは行われなかった。一九二五年のイギリスの旧平価による金本位制への復帰、一九二八年のフランスのフランの大幅切り下げ、一九三四年のドルの大幅切り下げはその例である。しかし、金本位制が維持できないときには変動相場制となった。

第四に、金・外貨準備の流出を抑えるための金融引き締め、つまり金利の引き上げは、金・外貨の流出をとめたが、経常収支の赤字はなかなか直らなかった。貿易収支を動かすのは時間がかかることがあらためて認識された。

これらの問題を解決するためには、金本位制からはっきり決別することが必要であった。しかし、金本位制でない国際通貨システムとは何だろうか。答えは簡単には出てこない。金本位制を守りつつ管理を強めていこうとする動きはなくはなかった。たとえば、一九三一年の八月にニューヨーク連邦準備銀行とフランス銀行がイングランド銀行に与えた信用（スワップ）があり、一九三六年一〇月に成立した米英仏のあいだの「三国通貨協定」である。

単純な金本位制よりもよいシステムを考えるためには、そのシステムが備えなければならない条件をまず列挙することが必要だろう。その条件とは、右の問題を裏返しにすれば求まる。それは以下のようになるだろう。

1　各国が喜んで受け入れる国際通貨は金であるが、世界貿易が拡大するのに金の生産はほとんど増えない。したがって、金に代わり、かつ自由に増やせるような国際通貨を創出する必要がある。この国際通貨が各国の対外支払い準備の主力となれば、対外準備が減るのを防ぐための金融引き締めは不要になり、国際通貨の面からのデフレ圧力を除去できる。金の役割はだんだん小さくする必要がある。ドルやポンドのような大国の通貨を国際取引に使うことはかまわないが、その役割はやはりだんだん小さくして、新しく創出する国際通貨の役割をだんだん拡大していくべきである。

2　各国がその通貨の為替レートを自国だけの都合で変更することは許さない。国際収支が赤字あるいは黒字であっても、一時的なものならば為替レートの変更で対応する必要はなく、対外準備を増やしたり減らしたりして対応できる。しかし、国際収支の不均衡が長引く場合には、為替レートの変更は許されるべきである。ただし、その変更は自国だけの都合で一方的にやるべきではなく、ほかの国々の承認のもとで行うべきである。

3　各国は経常取引（おもに貿易取引）を自由に行うことを許すべきである。経常取引から得られる外貨は自由にほかの国の通貨に安定的な為替レートで換えることを認めるべきである（これを「通貨の交換性」という。）。しかし、国際的な資本取引（投融資）はコントロールしてよい。資本取引は不安定な場合が多いからである。

4　国際収支が赤字の国だけが調整（赤字減らし）の責任を負うのでなく、国際収支が黒字の国も調整（黒字減らし）の責任を負うべきである。

これらの条件がととのえば、世界貿易は順調に拡大し、ひいては世界経済が順調に成長するであろうことが期待できる。国際通貨システムは、各国の国際面のルールを決めるものであるが、それによって国内の財政金融政策のおおまかなルールも決まってくるのである。

一九四四年七月の国際通貨金融会議は、第二次世界大戦後の世界をにらんで行われたのであるが、当時の世界はどうなっていたのかを知っておく必要があろう。

短くまとめれば、大戦後の世界は、大戦によって崩壊した世界の貿易と通貨のシステムを再建する必要があった。ほとんどの国は戦争によって徹底的に荒廃したので、経済関係の正常化が急務であった。貿易と国際通貨はその両輪である。

世界的なシステムをつくるということは、多角的なシステムをつくるということである。たとえば、A国がB国に対して貿易赤字を出すがC国に対しては貿易黒字を出すとすれば、A国の世界に対する貿易収支はあまり不均衡にはならない。A国はC国から稼いだ外貨をB国への支払いに使える。これが多角的なシステムであるが、これがうまくいくためには、ある外貨がほかの外貨に自由に交換できることが必要だ。

ところが、一九四五年に大戦が終わったとき、このような多角的なシステムは破壊されていたし、各国は外貨をわずかしかもっていなかった。金の保有も少なかった（ただし米国のみは例外）。そのため貿易は物々交換のような状態となっていた。米国のみが圧倒的な経済力をもち、世界に君臨していた。

ドイツが降伏文書に署名したのは四五年五月八日であり、五月九日に終戦が発効した。ドイツは、米国、イギリス、フランス、ソ連に占領されたが、独立の回復には長い時間がかかった。ドイツ連邦共和国（西ドイツ）が発足したのは一九四九年五月であり、ドイツ民主共和国（東ドイツ）が発足したのは同年一〇月のことであった。

戦勝国を含めてヨーロッパ全体が大戦によって荒廃したので、一九五〇年ごろまでは復興に全力をあげた時期である。ドイツでは大戦中に通貨量が一〇倍となり、工業生産は半分になった。そこで米国は、一九四八年以降、二二〇億ドル規模のマーシャル援助をヨーロッパに与えて復興を支援した。

日本も忘れてはいけない。日本は一九四五年八月一五日にポツダム宣言にもとづいて無条件降伏を受け入れ、九月二日に降伏文書に署名した。その後、米国を中心とする連合国に占領された。独立回復までの道は遠かった。一九五一年九月にサンフランシスコで講和会議が開かれ、講和条約が一九五二年四月に発効して、ようやく独立を回復した。

戦後世界の復興のためには国際銀行も必要であるが、四四年七月の会議においては、「国際復興開発銀行」（世界銀行）の設立についても合意が行われた。だが、これについての説明は省略する。

戦争からの復興がひとまず終わり、世界経済が正常化したのは一九五〇年代に入ってからであるが、本当の正常化は一九六〇年代を待たねばならなかった。

国際清算同盟案とは何だったのか

ケインズは国際清算同盟案を考えたわけであるが、その草案は一九四一年末にはできていた。ケインズはこれを財務省の中で回覧したが、まだこの段階ではほとんど反響はない。そこでケインズは、ケンブリッジ大学の経済学者にこれを回覧し、コメントをもらい、案を練り直した。

一九四二年末までにはより詳細な案ができ、それはイギリス政府の中で承認され、米国に対する正式なイギリス提案となる。一九四二年八月に、提案は米国に送られた。一九四三年四月には、イギリス政府は国際清算同盟についての白書を公表したので、国民にもこの案が広く知られることとなった。

戦後世界の通貨ルールという重要事項であるから、議会にも承認してもらわねばならない。ケインズは、一九四三年五月に上院でこの案について説明演説を行った。そのポイントは以下のとおりであり、中身がよくわかる。

（清算同盟の主要目的は）一国が財貨を売却して取得した貨幣は、他のいかなる国の産物の購入にも使用できる規定を設けることであります。専門語でいいますならば、多角的清算のシステムであります。英語でいうならば、全世界における交易取引に適用できる普遍的貨幣であります。この線に沿った一般的な便宜が、かなりの長期間、成功裏に存続するとすれば、確保されなければならない国際貿易の規模に比例した新規の貨幣が供給されることが必要な条件でありましょう。そしてまた、地上のすべての国は、その必要に応じたその貨幣の、しかるべき割合を保有する地位に置かれなければなりません。これらの目的を達成するために、金をその伝統的な用途から追放することは必ずしも必要ではありません。新しい貨幣と金の双方をあわせた総供給量を、補充し規制するだけで十分なのであります。従来の金本位制のもとでは、債権国に吸収された金は、すべて流通から引き揚げられてしまいました。本提案は、国内銀行業の経験を利用して、これを除去するものであります。もし個人が……銀行預金を保有するならば、この銀行預金は、流通から引き揚げられずに、銀行にその預金を必要とする人々に貸し付ける手段を提供することになります。イギリスの提案には、……為替相場は硬直なものになると想定させるものなどはありません。本提案は、一定程度以上の変更は、それが要求する現実の貿易の状態が実証しないかぎり、実施してはならないと規定し、また変更する場合は、協定にしたがって実施されなければならないとする規定を設けています。経常取引のための為替送金は絶対的に自由にするという（規定が――筆者）あります。資本移動の統制は、これとはまったく別の問題ですから、統制を必要とみなすか否かの判断は、各国にゆだねることにしてあります。

これで国際清算同盟のメカニズムはだいたいわかるだろう。しかし、新しい国際通貨をどのように創出するか、またそれをどのように使うかという問題ははっきり説明されていない。それはよりテクニカルな文書に出ており、次のようなものである。

新しい国際通貨は「バンコール」と命名される。それを創出する組織が国際清算同盟という組織である。この同盟に加盟する国は、貿易額に比例する「割当額」を割り当てられる。清算同盟は各国に借越し（貿易赤字の国の場合）と貸越し（貿易黒字の国の場合）を許すが、許される借越しの最大の額が割当額と定義される。この割当額と同じ額がバンコールという人工的な通貨として各国の政府または中央銀行あてに発行されるわけである。これはまったく無からの創造である。

バンコールは清算同盟の帳簿のうえだけに存在するものであり、各国の政府または中央銀行だけがお互いの支払いに使えるものである。各国は対外支払い準備として、金、外貨、バンコールをもつことになる。バンコールはドルやポンドのようなじっさいの通貨のように民間人が使えるものではない。

じっさいの国際取引には、ドルやポンドが使われることが多かった。米国とイギリス以外の国は（ふつうは中央銀行が）、ドルとポンドを外貨準備の中にもっている。これとバンコールとはどのような関係に立つのか。米国とイギリス以外の国、たとえば日本をとろう。日本の民間人（企業を含む）が国際取引をドルで行うとする。民間人全体としてドルの受け取りが支払いを上回れば、民間部門にはドルがたまる。この余剰なドルは民間銀行にたまるが、最終的には日本銀行に売られて円に換わる。すると、日本銀行にドルがたまる。

日本銀行はドルを買って円を売る。もし日本銀行がたまったドルをそのままもてば、ドルは日本に累積することになる。これは外貨準備の増加となる。

もし、民間人の国際取引において、ドルの支払いが受け取りを上回れば、日本銀行のもつ外貨準備（大部分はドル）は減るだろう。民間部門が円を売ってドルを買うからである。

このように、外貨準備は増えたり減ったりする。しかし、外貨準備が増え続けることは好ましくないだろうし、外貨準備が減り続けることはもっと好ましくない。また、国際通貨としてのドルの役割が大きすぎることも好ましくない。各国が外貨準備としてのドルを増やすことは、米国の国際収支の赤字が大きくなることを意味するからだ。

清算同盟があれば、このような問題を避けることができる。各国が国際取引に必要な一定の外貨準備（ワーキングバランスと呼ばれるもの）をもつことは自然であるが、それ以上の外貨準備は清算同盟への売却を義務づけ、それと交換にバンコールを受け取ることとすればよい。このようにしてバンコールの受け取りがあれば、その国のバンコールの保有額は当初の割当額を上回る。この上回る額がその国の貸越し額なのである。

では、国際支払いが多い国はどうなるか。国際取引のために、外貨準備にはどうしても必要な最低限があるだろう。そこで、外貨準備が減った国は割り当てられたバンコールを清算同盟に売り、それと交換に外貨を買うことができる。それを外貨準備の補充に使える。その結果、この国のバンコールの保有額は当初の割当額を下回る。この下回る額がその国の借越し額なのである。

清算同盟の重要な機能は各国にバンコールを配賦することであるが、このバンコールの通貨としての価値の裏付けがほしいところである。ケインズは、一単位のバンコールの価値を一定量の金と等価にすることを考えた。また、各国が清算同盟に金を売ってバンコールを手に入れることを認めた。しかし、清算同盟にバンコールを売って金を手に入れることは認めないこととした。このように、清算同盟案のもとでは、金の役割は限定されるが、ゼロになるわけではない。

これで清算同盟のメカニズムはほぼ明瞭になっただろう。あとは、各国の割当額の合計をいくらにするかを考える必要がある。ケインズはそれを二五〇億ドルとした。これはかなり大きいので、貿易赤字を出しやすい国にとっては有利な取り決めだろう。

残る問題は、貿易赤字国がバンコールを使って外貨を買い入れるとき、どこまでの借越しを認めるかという問題がある。借越しの限度は割当額であるが、借越しが大きくなりすぎないよう、借越し額に課金を課すことにした。貿易黒字国に対しては、割当額いっぱいの貸越しを認め、やはり貸越し額に課金を課すことにした。

各国通貨の為替レートの変更はどう行うかという問題が残っている。各国通貨の価値はバンコールに対して決めることとなっていた。たとえば、一バンコールを一〇〇円と等価とするというような形である。一バンコールの価値は一定量の金と等価とされるので、間接的に各国通貨の価値は一定量の金と等価になることはすぐわかる。ここから、各国通貨間の為替レートが出てくる。たとえば、米国が一バンコールを一ドルと決めれば、一ドルは一〇〇円となるわけである。

清算同盟案においては、為替レートの変更は各国が勝手にはできない。しかし、一〇パーセント以下であれば、各国の提案はほぼ自動的に認められ、一〇パーセントを超える提案については清算同盟の加盟国による審査があることになっていた。この考え方は、戦後発足した国際通貨基金も採用したものである。

要するに、清算同盟とは、国際面にかぎるが世界の中央銀行をつくろうとするものである。新しい国際通貨を発行し、それを国際的に管理しようというのである。

ケインズ案とイギリスの国益

ケインズは以上のような国際清算同盟案が戦後の世界にとってベストと信じてそれを提案した。そこには国際主義者としてのケインズの面目が躍如としている。しかし、ケインズは同時にイギリスの国益を考えざるを得なかった。イギリス人としては当然であろう。

戦後の世界において、米国の支配的な地位が強まることは誰にも見通せただろう。とくに、国際金融の面では、世界の金融センターとしてのニューヨークの地位が上がり、ロンドンの地位が相対的に下がることが見通されていた。そこでケインズは、ロンドンの国際金融センターとしての地位をできるだけ維持すること、国際通貨としてのポンドの地位をできるだけ守ることを望み、そのために国際清算同盟が役に立つように仕組んだと思われる。また、英連邦の国々は、国際通貨としてポンドをかなり使っており、ロンドンに外貨準備（ポンド）を置いていた。この状態と国際清算同盟は矛盾しない。しかし、米国は国際通貨ドルと国際金融センターとしてのニューヨークを推進する立場にあった。

国際清算同盟ができれば、各国はドルやポンドという特定国の通貨をもつことはできるが、ワーキングバランスの範囲までであり、それを超えれば清算同盟に売ってバンコールに換える。これによって、ドルとポンドの国際通貨としての役割は制限されることになるので、国際通貨ドルの役割が無制限に拡大することを抑止することができる。

バンコールを発行する清算同盟は、ほとんど世界の中央銀行である。その運営は各国から送りこまれる理事たちによって行われるが、国際的組織である以上、米国のみが支配することはできない。イギリスはその知力によって米国と渡りあえるだろうと考えられた。

戦後のイギリスが、国際収支赤字を出すことが多いだろうことも予想されていた。そこで、清算同盟が十分なバンコールを発行すれば、イギリスは赤字をファイナンスしやすくなるということも予想されていただろう。それと同時に、清算同盟では、国際収支が黒字の国も、その黒字があまり大きくならないように政策をとる（通貨切り上げを含む）責任を負わされるのであるから、赤字国の負担は軽減されるだろう。

バンコールをもつようになると、国際収支の赤字はファイナンスしやすくなるので、国内でケインズ政策をとりやすくなる。これも重要な点である。

世界の中央銀行をつくり、バンコールという新しい国際通貨をつくることは、たしかに理想主義的な国際主義である。米国の通貨であるドルへの依存を小さくしておくことは、世界が米国によって支配されないこと、世界経済の運営を国際機関によって行うことを意味する。この理想主義とイギリスの国益を巧みに結びつけたのがケインズ案だったと言えるだろう。

米国のホワイト案の勝利

一九四四年七月の通貨金融会議において、イギリス代表団の首席はケインズだったが、米国の代表団の首席はハリー・ホワイト（当時は財務省の財務次官補）であった。ホワイトは財務長官のヘンリー・モーゲンソーと緊密に協議しながらケインズと渡り合った。モーゲンソーはアバウトな人であり、こまかいことはわからなかった。しかし、ホワイトは元学者であり、キャリアの途中で財務省に入った人、几帳面な人であった。

ケインズの清算同盟案は、けっきょくどうなったのか。七月の通貨会議の直前、六月に米国とイギリスとのあいだで予備的な協議が行われ、米英とのあいだでだいたいの合意が行われた。米国はイギリスを圧倒する強大な大国となりつつあった。その米国は、ケインズ案を拒否し、「国際為替安定基金」という案を出した。たまたまであるが、米国もこの案を一九四三年四月（イギリスが清算同盟白書を発表した月）に正式に発表していた。

米国にとっては、バンコールという人工的な通貨がドルを差しおいて国際通貨の主流になることは受け入れられるものではなかった。また、国際金融センターとして、ニューヨークをロンドンにとって代わらせたいという意向があった。したがって、戦後の国際通貨システムは、ドルを中心として組み立てられねばならなかった。

米国とイギリスとの協議においては、米国がその国力をふるい、強引にホワイト案を主張した。そこでケインズは、清算同盟案を撤回せざるを得なかった。七月の通貨金融会議においては、清算同盟案は提出されなかったのである。

イギリスはなぜ清算同盟案をあきらめたのだろうか。通貨金融会議にイギリスがこの案を出せば、米国のホワイト案と激突することになり、会議がまとまらなくなることは明らかであった。米国がケインズ案を拒否することもはっきりしていた。会議がまとまらなければ、それはイギリスにとっても痛手となる。これがケインズ案の撤回の理由である。

通貨金融会議においては、第一委員会は国際通貨システムを審議し、議長をホワイトがつとめた。第二委員会は復興開発銀行を審議し、議長をケインズがつとめた。

国際通貨については、ホワイト案ははじめ「国際為替安定基金」といっていたが、この名を変えて「国際通貨基金」（ＩＭＦ）を設立することが合意された。七月二二日に国際協定が合意され調印されたので、あとは各国の議会が承認すれば発効することになる。この発効は一九四五年一二月であり、この時点でＩＭＦが発足した。ただし、じっさいの業務の開始は一九四七年三月である。

米国のホワイト案はどんなものだっただろうか。それをケインズ案とくらべると、米国の考えていたことが鮮明になる。それを手短かに説明しておこう。

第一に、各国は国際通貨基金に金と自国通貨を出資（拠出）する。ケインズ案では出資はまったくないので、ここでまず大きく違う。この出資額は「割当額」と呼ばれるが、ケインズ案における割当額と言葉は同じでも意味がまったく違う。ケインズ案は銀行原理にもとづいていたが、ホワイト案は資本出資原理にもとづいていた。各国の出資額はＩＭＦの資本金のようなものとなる。

第二に、各国の割当額は、各国のＧＮＰと貿易額にもとづくある計算式にもとづいて計算される。これが、各国がＩＭＦからカネを借りるときの基礎となる。各国の割当額の合計として、もとのホワイト案は五〇億ドルを考えていたが、通貨金融会議の結果、九二億ドルとなった。ケインズの考えていた二五〇億ドルよりずいぶん小さい。

第三に、バンコールのような人工的な国際通貨はまったくつくらない。なので、国際通貨の主流は米国の通貨であるドルとなる。

第四に、各国は自国通貨の公的な為替レート（平価と呼ばれるもの）を金またはドルに対して設定する。米国のみは、ドルの平価を金によって設定する。米国は、一九三四年一月以来、一オンスの金は三五ドルという公定価格を決めていた。一オンスは二八・三四九グラムなので、これを三五で割ると、一ドルは〇・八八八六七一グラムの金と等価になる。米国以外の国は、もしその通貨一単位の平価を金の量によって設定するなら、間接的にその通貨と一ドルとの為替平価が出てくる。また、もし一ドルに対して平価を設定するなら、ドルとの為替平価は直接的に出てくる。

各国が為替平価を変更（切り上げ、切り下げ）したいときは、一〇パーセント以下ならＩＭＦの承認のもとにかなり自由にできる。一〇パーセントを上回る場合には、国際収支に基礎的な不均衡があるときのみ認められる、となっていた。

第五に、各国がＩＭＦからカネを借りたいときの手続きがある。各国は割当額の二五パーセントを金で、また七五パーセントを自国通貨でＩＭＦに出資するのであるが、借りることは、ＩＭＦから欲しい通貨を買い入れるという形をとる。たとえば、ドルを欲しいと思う通貨当局は、自国通貨によってＩＭＦが保有するドルを買い入れる。その結果、ＩＭＦが保有する自国通貨は増え、ドルは減る。このような外国通貨の買い入れには限度があり、自国通貨のＩＭＦ保有額が二〇〇パーセントとなるまで許される。この二〇〇パーセントは分割され、多くなればなるほど条件がきびしくなる。もちろん、借りは返さねばならない。返済は買い入れた外国通貨によって自国通貨を買い戻すというかたちで行う。

これでわかるように、国際通貨基金（ＩＭＦ）は各国平等のシステムではなく、米国のドルに特別の地位を与えるものであった。米国の国力を背景として、ポンド圏は縮小し、ドルが圧倒的な国際通貨となっていった。しかし、それはのちに問題をおこすことになる。

とくにどこが問題か。それは米国以外の国がドルを外貨準備とし、為替市場でドルを公定の平価で売買して為替レートの安定を維持する義務をもつことから生じる。たとえば日本の通貨当局が一ドル一〇〇円という平価を決めるとする。通貨当局は、この平価を守るために、為替市場でドルが売られれば一ドル一〇〇円でいくらでもドルを買わねばならないし、ドルが買われれば一ドル一〇〇円でいくらでもドルを売らねばならない。

為替市場でドルが売られるときは、通貨当局はそれを買い取って外貨準備を増やすだけでいいが、ドルが買われるときは通貨当局はドルを売らねばならない。すると外貨準備は減る。この外貨準備の減少はいつまでも許してはいられない。外貨が底をつけば国際取引がとまってしまうからである。そこで、通貨当局は金融を引き締め、輸入を減らし、貿易収支の赤字をとめようとするだろう。つまり、外貨準備の減少は国内経済の引き締めという痛みをひきおこすのである。

ところが、である。米国を見よう。貿易収支が赤字となり、外国へのドルの支払いが増えるとする。外国の通貨当局の手もとには外貨準備としてのドルがたまるだろう。その外国は、たまったドル（外貨準備）を米国国債に投資したり、米国の銀行に預金したりするだろう。しかし、これらは米国にとっては負債なのである。貿易収支が赤字でも、流出したドルは自動的に米国に戻ってくるのである。つまり、貿易収支が赤字となっても、米国には何も痛みがない。負債で決済できてしまう。これが不公平であることは否定できない。

このとき、不公平とならないための手段があることはある。外貨準備に過剰なドルをもつにいたった国は、米国に対してそのドルと交換に金を引き渡すことを請求できる。この金交換の請求が増えて米国が金を失えば、米国にも痛みが出るし、貿易赤字を是正しようとする努力も行われるだろう。じっさいに、一九六〇年代に入ると、米国の国際収支の赤字は大きくなり、過剰なドルが目立つようになった。米国に対する金交換請求も増えた。

しかし、米国は金準備がどんどん減ることを容認できなかった。じっさいの国際取引に金が使われることはなくなったが、金は安全保障のための手段のひとつとみなされた。ここで米国は、一九七一年八月にドルの金交換を停止したのである。米国がドルを金と交換しないことは、米国が金を国際通貨としてもはや使わないことを意味する。

これ以降の国際通貨システムがどうなったのか、その説明は省略したい。変動相場制への移行は一九七三年春におこっている。現在の通貨システムは、国によってばらばらであるから、まとまりのあるシステムとは言いかねる。けっきょく、ホワイト案にもとづく戦後の金・ドル体制はこのように崩壊してしまったのである。この点に注目すれば、ホワイト案は二〇年そこその寿命しかない、持続性の弱いシステムだったという結論になる。

ケインズ案とくらべると、たしかにホワイト案は現状を激変させない堅実な案であった。しかし、理想主義の要素、世界経済の長期見通しの要素が不足していたとは言えるだろう。ケインズ案は現状を激変させるものであり、とくに世界の中央銀行をつくろうというものだったから、実施が可能かどうかについての懸念が大きかったことはたしかだろう。しかし、米国がケインズ案をもうすこし取り入れていたら、国際通貨基金よりもっと優れた国際通貨システムができていた可能性がある。(為替レートの変更は一〇パーセントまでならば各国がほぼ自由にやれることになった。ケインズの主張が通ったのはこれぐらいしかない。)

国際通貨は国際的に管理するのがスジであり、現在のようなドルの支配は永続するものとは思えない。ヨーロッパがユーロを発足させたのも、つまるところはドル支配への抵抗なのである。

ブレトン・ウッズ会議におけるケインズの演説

連合国の通貨金融会議は、一九四四年七月に開かれたことはすでに述べたが、七月二二日の会議最終日にしめくくりの演説を行ったのはケインズであった。それを引用しておこう。ほんのすこしだがケインズの生の声が聞こえてくる。

議長閣下、あえて申し述べたいと思うのでありますが、あなたの賢明で親切なご指導のお陰をもちまして、われわれは成功をおさめることができたのであります。国際会議については、首尾よくいったという記録は残っておりません。これと似通った会議で、かくも明快で強固な大建設が成し遂げられた例は、たしかに記憶いたしておりません。議長閣下、われわれは今宵、決定的な点に到達いたしました。しかし、それはほんの始まりにしかすぎません。われわれは、熱意と誠実とにより鼓舞された伝導者として、ここから出発しなければなりません。われわれの議事は、外の世界では批判的、懐疑的そしてあげ足とりの気持ちをもってすら見守られ、待ちうけられてきたのでありますが、正直に申しまして、私はそれによりおおいに勇気づけられております。われわれの計画が幻滅の状態で終わるよりも、幻滅の状態で始まるほうがはるかによいでありましょう。……批判や疑いをさしはさむ人々が、より一層くわしくそれを調べてみると、計画は予想したところよりもはるかに優れたものであることが明らかとなり、われわれが受けてきた批判や疑いが、かえって事態をわれわれにとり有利なものとすることになることを望んでおります。

これはかなり平凡な演説と言わざるを得ないが、ひとつだけ謎めいた言葉があることが気にかかる。「計画が幻滅の状態で終わるよりも幻滅の状態で始まるほうがはるかによいでありましょう」というくだりである。これはよくわからない。

その意味は何だろうか。ホワイト案にもとづく計画が調印されたわけであるが、演説の前段にもかかわらず、ケインズはそれが最善の計画とは承服していなかったのではないだろうか。こころならずもホワイト案を会議の前提とせざるを得なかったことが、ケインズに謎のような言葉を語らせたのではないだろうか。

その後の国際通貨基金

新しい国際通貨を創出するというケインズの提案は、その後、きわめて小さな規模においてではあるが、実現した。それが「特別引出し権」（ＳＤＲ）である。

一九六〇年代においては、世界のドル過剰が目立つようになったが、各国の外貨準備と金のがいま不足していなくても、不足するかもしれない将来に備える必要が感じられた。また、ドルの供給を米国の国際収支赤字に頼ることの不安定性を緩和する必要が感じられた。

そこで、一九六九年にＩＭＦ協定の改正（七月に発効）が行われ、特別引出し権なるものを創出することになったのである。これは、ＩＭＦを仲介者として、どこかの国からその通貨を受け取ることができる権利である。一九七〇年から一九八一年にかけて二一四億ＳＤＲが創出され、各国の割当額に比例して配賦された。

　その後、ＳＤＲは長く創出されなかったが、その理由はおそらく、多くの国が変動相場制をとるようになり、外貨準備をいくらもてばいいのかがはっきりしなくなったことであろう。

　ところが、二〇〇九年になって、突然に、そして一挙に、一八二七億ＳＤＲが創出され、各国に配賦された。二〇〇九年末の残高は二〇四一億ＳＤＲとなった。このイベントはなぜおこったのだろうか。言うまでもなく、二〇〇八年九月のリーマン・ショックによる世界の大不況に対応するためである。リーマン・ショックによって、米国以外の国の金融機関は国際的な短期金融市場でドルを借りることが不可能になり、また多くは米国の金融機関へドルの短期債務を返済することが不可能になった。こうなると、米国のＦＲＢが各国の中央銀行にスワップ協定にもとづいてドルを提供するしかない。各国の中央銀行は提供を受けたドルを自国の金融機関に融資し、金融機関は米国の金融機関へドルを返済した。つまり、ＦＲＢによるドルの提供は、けっきょくは米国の金融機関の短期債権の回収につながった。米国がリーマン・ショックをおこしたにもかかわらず、ドルの地位はむしろ強まった。ＳＤＲの大量発行は、ドル不足におちいった多くの国を助けるために行われたのである。

　さて、このＳＤＲは、はじめはその価値は〇・八八八六七一グラムの金によって定義されていた。これは一ドルの金価値と同じである。しかし、米国のドルだけによって価値を定義するのはまずいとなって、一九七四年からは主要一六か国の通貨のバスケットによって定義することになった。その後、このバスケットは修正されている。一九八一年には五大国の通貨による定義となり、二〇〇一年からは三大国の通貨とユーロという四通貨による定義となった。二〇一六年一〇月からはこれに人民元が加わる。このように、複数通貨のバスケットによってＳＤＲの価値を定義するのは、ＳＤＲの価値を平均化するためであり、またＳＤＲを使って四大国プラスユーロ圏の通貨を引き出すことができるからである。

　ＳＤＲは米国によるドルのたれ流しに歯止めをかけるほどの規模では創出されなかったので、国際通貨としては力不足である。しかし、ＳＤＲが存在することは、将来への備えにはなるだろう。二〇〇九年に見られたように、各国が増やすと決めれば増やすことはできる。

すくなくとも現在、ＳＤＲは為替レートの平価をもちたいと考える国にとっては価値の基準としては使えるし、ＩＭＦと各国の取引においては計算単位として使われている。

ＩＭＦにおこったもうひとつの大きな変化は、金の貨幣としての役割の廃止である。これは一九七八年四月に発効したＩＭＦ協定の第二次改正によって実現した。この改正まで、ＩＭＦ加盟国は、その為替平価をドルまたは金によって定義することになっていたわけであるが、米国がドルの金交換をやめてしまったので、平価をドルまたは金によって定義しても無意味となったのである。つまり「平価」の意味はなくなったのである。もちろん、米国以外の国も外国への支払いに金を使うようなことはまったくやっておらず、金はもはや各国の対外支払い準備の中にカウントされていない。

金が廃貨されたので、ＩＭＦ加盟国は割当額の増加のときには、その二五パーセントを金ではなくＳＤＲで出資することになった。新たにＩＭＦに加盟する国の場合も同じである。こうして、「金・ドル体制」と呼ばれた戦後の国際通貨システムは、金がとれてたんに「ドル体制」となった。ただし、ドルが全面的に支配しているわけではない。二〇一五年末において、世界のすべての国のもつ外貨準備の合計は六兆ドル強であるが、そのうちのドルの割合は六割強であり、すこしずつ下がってきている。

いつの日かはわからないが、ドルの役割が大幅に縮小することはあるだろう。国際通貨ドルの宿命的な欠陥は、ドルの新たな供給が米国の国際収支の赤字によってのみ行われるというところにある。そうかといって、米国が国際収支を黒字にすると、ドルの供給は不足してしまう。国際決済の中心にドルがあるかぎり、この矛盾はいつまでもつきまとう。矛盾を根本的に解決するには、ＳＤＲのような人工的国際通貨の役割を拡大するしかない。

米国はいまでも国際収支（経常収支）の赤字を続けているが、考えてみると、これは米国が生産する以上に消費しているということであり、対外債務を増やし続けているということなのである。これが世界にとって悩みでないはずはない。

米国の経常収支の赤字は、必ず米国の対外純負債の増加であり、その大部分は米国の民間投資収支（外国の対米民間投資から米国の対外民間投資を差し引いたもの）の黒字（つまり、米国へのネットの資金流入）によって埋め合わされる。しかし、近年はこの埋め合わせが間に合わなくなっており、外国の公的当局（政府や中央銀行）が保有する外貨準備（ほとんどがドル預金や米国の財務省証券）の増加によっても埋め合わせが行われている。しかし、米国の民間投資収支がつねに黒字である保証はないし、外国の公的当局がその外貨準備のすべてを米国資産で保有する義務もない。つまり、米国の経常収支のファイナンスは自動的に行われるわけではなく、ファイナンスが不十分となればドルの価値が激しく下落する可能性はある。

ドルを国際通貨として使うかどうかはほかの国の意向次第であり、「もうドルとは縁を切りたい」という国が増えれば、ドルの役割は終わってしまうのである。世界の経済と貿易が沈滞するとか、ドルが暴落するとかの異変がおこれば、そのきっかけとなろう。

現在の変動相場制も、いつまでも続くかどうかわからない。為替レートの決定を市場にまかせる制度であるから、市場のセンチメント次第でとんでもないレートが発生しうる。為替レートの安定化が再び世界の課題となることは十分にありうる。

ドルの役割の縮小は長期的には不可避であるが、ドルに代わる通貨はあるかというと、当分のあいだ、ありそうにない。ユーロや人民元についたは疑問がたくさんありすぎる。そこでけっきょく、特定の国（地域）の通貨ではなく、SDRやバンコールのような人工的で国際管理される通貨が必要になると考えざるを得ない。この国際管理通貨は、使い勝手がよく、大きな規模でつくり出すことが必要であろう。もし将来、このような国際通貨をつくろうという機運が世界的に高まるなら、ケインズの国際清算同盟案が再び登場してくる可能性がある。

第七章　ケインズ・インタビュー

以下は筆者が冥界にいるケインズにインタビューを行ったものである。もちろん架空のものであるが、ケインズの著作からその思想を推察することは不可能ではないと思う。筆者がたずねてみたいことはいくつかある。Ｑは質問であり、Ａは答えである。

Ｑ　いくつかおたずねしたいことがあります。どうぞよろしくお願いいたします。まず、二〇世紀に入ってからの資本主義経済についてですが、いろいろな論文でその機能不全について書いておられます。企業や個人が自分の利益を最大にすれば社会としても最適な状態となるわけではない、ということの原因をどこに求めればいいのでしょうか。

Ａ　それは現実の経済を見ればわかります。私は、働きたくても職がないという非自発的な失業の存在を説明しようと努力しました。労働者は賃金を得れば明らかにそれを消費しますが、そこで得られる効用は働くことの不効用よりも大きい。だから、怠けたいから働かないのではありません。失業の第一の原因は投資が不足し、有効需要が不足するところにあります。労働者がどれだけ働くか、働くことの不効用と賃金の効用をくらべて最適を選べるわけではありません。失業があるとき、失業者が賃金の低下を受け入れてもうまくはいかないでしょう。みんながより低い賃金で働くと言っても、雇われる可能性が大きくなるとは思えません。

企業にとっても、利潤を最大化するのはある与えられた環境の中でしかできませんね。個々の企業が利潤を最大化することはたとえば雇っている労働者の賃金を下げればできるでしょうが、どの企業もそれを行えば社会全体の所得は下がり、利潤最大化自体がうまくいかなくなります。

Q　貯蓄についても同じような問題がありますね。

A　そうです。個々人が将来に備えて貯蓄を増やそうとすると、消費は減るわけですから、景気が悪くなり、所得は下がり、貯蓄を増やそうという意図が挫折する可能性が大きいのです。これは個人の行動を社会的に集計するとき、個人の行動の足し算とは違う結果となるという、合成の誤謬という現象です。多くの個人の行動のあいだには相互作用がありますが、個人の行動だけ見ているとこの相互作用が見えなくなります。社会全体として、一足す一が二にならないことはざらにあります。だからマクロ経済学が必要なのです。

Q　社会的な要素がマクロ経済学には必要だということですが、それをどう理論化するかはむずかしいのではないでしょうか。

A　もちろんむずかしいです。私もそれをやろうとしましたが、あまりうまくいきませんでした。たとえば、企業と労働者の相互作用を考えても、企業は単純に労働者の賃金を下げようとするのではなく、むしろ高くして労働者のやる気を引き出すという現象も見られます。さまざまな企業があるので、この相互作用もさまざまでしょう。だから一般理論をつくるのがむずかしいのです。

Q　いわゆるケインズ経済学なるものがあるわけですが、そのエッセンスをひと口で言うとどうなりましょうか。

A　第一に貯蓄と投資の均等が国民所得を決めるという部分があり、第二に通貨の需給均衡が利子率を決めるという部分があり、第三に期待の役割の重視という部分があります。期待は現実世界に不確実性があることから取り入れざるを得ないものです。しかし、これらは部分ごとに理解すべきものではありません。すべてが混然一体となっています。これらの要素を一体として論じるところに私の理論の特色があるわけです。これを数式で表すことは不可能ではありませんが、私はやりませんでした。数式を使うと大切なところが抜け落ちてしまうからです。つけ加えたいことがあります。私の理論は、賃金と利子率の下方硬直性をかなり取りこんでいますが、これは帰納的な方法です。理論は前提から演繹的に出てくるところもありますが、帰納的な方法との組み合わせが大切でしょう。

Q　ケインズ経済学においては、市場経済は自動的に均衡や最適を実現しないというビジョンがあり、言い換えると政府の役割が大きい。その場合、政府は賢明に行動できるという前提がおかれているように思います。しかし、じっさいの政府は合理的でも賢明でもありません。この現実を踏まえると、ケインズ的な政策はどこまで実施が可能なのでしょうか。

A　そこはご批判として甘んじて受けます。私の提言は理想主義的なものです。しかし、長期的には理想が実現していくことを期待できると思いますし、私の理想主義は現実感のある理想主義であり、空想的なものではありません。政策を行うのは政府ですが、政府の組織を改善していくことは可能でしょう。たとえば、財政政策については、政府からの独立性の高い調査・審議機関をつくることができるでしょう。金融政策については、どの国の中央銀行も政策委員会をつくって運営していますが、見識のある政策委員を選ぶことが大切です。ともかく、政府機構には根本的な改善が必要です。

現在の世界において、財政政策の役割がなくなったとはまったく思いません。政府投資を増やすべき分野としては、たとえば再生可能エネルギーの開発とか医療技術の向上とかがあります。これらは経済成長にプラスを生むでしょう。かりに財政赤字が増えても、経済成長によって政府債務・GDP比率を下げることは十分に可能だと思います。

ただし、日本は例外です。日本ではすでに、短期債務を除くと、政府債務が一〇〇〇兆円に達しており、五〇〇兆円のGDPの二〇〇%になっています。この二〇〇%という政府債務の比率を維持することを考えてみましょう。GDPの成長率はせいぜい二%ですから、GDPは五〇〇兆円から五一〇兆円に増えるだけです。二〇〇%を維持するためには、政府債務は一〇二〇兆円に増えるだけです。つまり、国債を発行できるのは二〇兆円だけとなります。現実にはこれをはるかに上回る国債が発行されており、二〇兆円に下げるだけでもたいへんなのではないですか。

財政赤字を減らすためには増税と財政支出削減の組み合わせしかありませんが、ある程度の増税は不可避でしょう。日本では消費税の税率の引き上げが増税の主力と考えられていますが、消費税は一〇%までにとめておくのがいいと思います。消費税が個人消費を停滞させる効果は日本ではとくに強いという印象があります。それよりは資産税とか資本取引税を考えるべきでしょう。資産税は一定額を超える資産保有に対して、低い税率で毎年税を課すもので、これを払うのは資産家ということになります。資本取引税は欧州連合がすでに実施を提案したもので、行き過ぎた国際資本移動を抑制するものです。

Q 現在日本が行っている金融政策についてはどう見ておられますか。

A 二〇一三年四月から行われている金融政策については問題が多いと思っています。その内容ですが、消費者物価（生鮮食品を除くコア指数）の二%上昇を目標とし、そのための操作目標をマネタリーベースの増加額としています。そのために長期国債を年間五〇兆円買うこととしました。二〇一四年一〇月には、これらの操作目標は増額されました。

また、二〇一六年一月には、マイナス金利（民間銀行が日銀におく当座預金の政策金利残高にマイナス〇・一%のマイナス金利を課す）を導入しました。

まず第一に、二%という物価上昇目標ですが、これを短期目標としたことは誤りではなかったかということです。物価上昇率はさまざまな要因で決まっており、かりに二%となってもすぐに別の上昇率となる可能性が大きい。安定的に二%にするという形で目標とすることは考えられますが、その場合には中長期的な目標とすべきでしょう。

二%の物価上昇をめざす理由は、それがデフレギャップの解消を意味するからというものでしょうが、その実現がデフレギャップの解消と一致する保証はありません。それよりも、デフレギャップの解消そのものを直接めざすほうがいいと思います。物価上昇目標を短期的にめざすと、物価がなかなか二%にとどかないわけですから、半永久的に金融の超緩和を続けることになりかねません。しかし、超緩和をやっているあいだに、いろいろなひずみが積みあがってしまうでしょう。目標をデフレギャップの解消におけば、金融の超緩和をいつ終了させるのかがはっきりします。二・四半期連続でデフレギャップがなければ、金融緩和の目標が達成されたと見ていいでしょう。

ただし、デフレギャップを解消することを簡単と考えるべきではありません。金融政策によって景気をもちあげているあいだに行われる投資によって、潜在ＧＤＰのレベルはあがるでしょうから、デフレギャップは拡大する可能性があります。

第二に、マイナス金利を民間銀行の日銀当座預金の小さな部分に限ったことはおもしろい工夫だと思います。日銀当座預金に階層構造を導入し、政策金利部分（マイナス金利）、マクロ加算部分（ゼロ金利）、基礎部分（プラス金利）とに分けたわけです。しかし、マイナス金利と国債購入の両方が必要なのか疑問を感じます。さらに、マイナス金利は民間銀行の収益にはマイナスなので、マイナス幅の拡大には限度があるでしょう。マイナス金利は当座預金が積みあがらないで企業や個人への貸し出しに回ることを促すものです。国債の購入は当座預金を増やすものです。それゆえ、両者は矛盾するのではないでしょうか。民間銀行は一定額の国債を必要としており、日銀による大量の国債購入は早晩限界に達しますから、いまから購入額を縮小していくのが望ましいと思います。金利が上昇するときに、日銀に発生する国債評価損をできるだけ抑えることは必要です。

マイナス金利の導入によって、マネタリーベースと民間銀行の日銀当座預金の目標をもつことは意味を失ったと思います。もともと、マネタリーベースの目標額と物価上昇率とは関係が希薄でした。三年ほど政策をやってみて、このことは明白になりました。物価上昇率と関係がないのなら、マネタリーベース目標に意味はないことになります。

第三に、民間銀行の日銀当座預金残高に目標をもたせる必要はないと思いますが、日銀が購入する資産の種類はもっと多様化すべきでしょう。国債にこだわる理由はありません。これまでも、ＣＰ、社債、ＥＴＦ、Ｊリートなどの購入をやっていますが、あまりに少額で、インパクトが感じられません。これらをもっと増やすべきでしょう。それ以外にも、日本が必要とするがうまく育っていない金融資産、たとえばモーゲージ担保証券とか物価連動国債などをもっと購入すべきでしょう。

Q　資本主義の将来についてはいまどうお考えでしょうか。近い将来、資本が飽和して、投資の純リターンがゼロになるような状態は本当にやってくるのでしょうか。

A　私はいまでもそう思っています。資本への需要がいつまでも増えるとは思えません。物財への欲望にはかぎりがあります。人口も増えるのをやめて静止、あるいは減少することになりつつあります。純投資ゼロ、純リターンゼロは、私の言う投資家階級の安楽死の状態を意味します。それでも、減価償却をまかなうだけの投資はありますし、純粋利子率がゼロでも、利子の中にリスクをとることへの補償はすこしはあります。だから、投資家がいなくなってしまうわけではありません。

この状態は、長期停滞とは違います。経済成長はなくなるので、人々の所得は伸びずに一定になりますが、その水準はきわめて高いのです。けっして貧しい社会ではなく、むしろ豊かな社会が実現します。だから私はその状態を望ましいと言ったのです。

すくなくとも、経済問題にあくせくしないで生きられる人の数はいまよりも大幅に増えるでしょう。そのゆとりをいい方向に使ってもらいたいものです。

Q　最後に、世界の通貨制度の将来はどのように見通せばいいのでしょうか。

A　まず長期的に考えてみましょう。いずれは国際的に管理される新しい国際通貨をつくることは実現すると思います。いつまでもドルに依存するのはいいことではない。同時に、為替レートを野放しにする、市場に任せるのもいいことではない。いずれはこれも国際管理する方向が出てくるでしょう。

これらの改革とともに、国際資本移動をもっとはっきり管理することも実現するでしょう。これまでは、資本移動を管理すべきかどうか自体がはっきりしていません。しかし、それを自由放任していると、為替レートの安定は望めません。各国は、自由な資本移動、安定的な為替レート、国内情勢に合わせた金融政策の三つの目標を同時に達成することはできません。ふたつだけが実現可能なのです。とすると、達成をあきらめるべきものは資本移動の自由ということになります。ただし、資本移動のコントロールといっても、強い統制をやる必要はありません。きわめて低い資本取引税のようなもの、あるいは外国からの投融資に無利子の預金を一定の期間義務づけるようなことを考えればいいのです。資本のコントロールは、対外債務の際限のない増加を抑制するという目的にも役に立つでしょう。これらの改革ができるのは各国の首脳レベルの会議だけでしょう。

次に目先の問題を考えるとそれは何でしょうか。米国がほぼ恒常的に経常収支の赤字を出しており、ドルを世界に供給するという構図が変わっていないことです。これは米国が貯蓄不足で、その他の国が貯蓄超過であるためですが、その結果、米国以外の多くの国で外貨準備（大部分はドル）が貯まります。これがサステナブルなあいだは、米国の経常収支の赤字が世界経済の成長を支えるかに見えますが、これは同時に実物経済に対する金融資産の膨張をもたらし、レバレッジ（総資産の自己資本に対する比率）の上昇をもたらします。この高いレバレッジはすこしのショックに対しても脆弱であり、金融危機になりやすいのです。二〇〇八年のリーマン・ショックを思い出してください。

危機ではないかもしれないが、米国がすこし金利を上げただけで、新興市場国から資本が米国へ還流し、これらの国で景気の悪化がおこるという現象もあります。つまり、米国の経常収支赤字とそれによる国際資本移動は、ひと口で言えばサステナブルではないのです。この問題は古いむかしからあるのですが、近年はひどくなっています。そこで、解決の第一歩は、すでに言いましたが、国際資本移動の管理強化ということになります。ユーロ圏が近い将来導入する予定となっている資本取引税はそのための有力な手段でしょう。

繰り返しになりますが、国際資本移動を自由にしておきながら為替レートのボラティリティーに不平を言うのは馬鹿げています。資本移動がボラタイルなので、為替レートもボラタイルになるのです。資本移動を抑制するには、資本取引税が望ましいと思いますが、対外債務に低い率で課税することも考えられます。五～六年前から、各国でマクロ健全性政策が試行されるようになりましたが、これをはやく実効のあるものにすべきでしょう。

Q　貴重なご意見、たいへんありがとうございました。

〔著者略歴〕
石山 嘉英（いしやまよしひで）
e メール：yoshihide.ishiyama@hotmail.co.jp

〔略歴〕

昭和19年　　　東京生まれ
昭和42年３月　慶應義塾大学卒業
昭和42年４月　大蔵省関税局国際課
昭和43～46年　スタンフォード大学へ留学（Ph．D）
昭和46年７月　大蔵省国際金融局総務課係長
昭和48年５月　IMF エコノミスト（３年間の出向）
昭和51年７月　大蔵省大臣官房調査企画課課長補佐
昭和52年７月　主税局国際租税課課長補佐
昭和54年７月　東京国税局直税部次長
昭和55年７月　大蔵省大臣官房財政金融研究室主任研究官
昭和58年４月　青山学院大学国際政経学部助教授（国際経済学）
昭和61年４月　日本 IBM 経済調査部長
平成７年　　　フランス国立エコール・デ・ポンゼショセ客員教授（４月～12月）
平成９年４月　日本 IBM 参与
平成12年４月　千葉商科大学政策情報学部教授
平成12年４月　千葉商科大学大学院政策研究科博士課程教授
平成26年３月　定年退職
平成26年４月　大学院客員教授

〔主な著書〕

『変動為替レートと日本経済』東洋経済新報社
『新世界経済事情』日本経済新聞社
『国際通貨の知識』日経文庫、日本経済新聞社
『現代アメリカ経済の見方』ちくま新書、筑摩書房
『超高齢化社会の経済学』日本評論社
『IT 革命が創る オン・デマンド・エコノミー』東洋経済新報社
『通貨金融危機と国際マクロ経済学』日本評論社
『グローバル金融システムの苦悩と挑戦』きんざい（共著）

ケインズの大遺産　—財政・金融・通貨政策の源流—

平成28年９月28日　初版発行

著　者　石　山　嘉　英

発行者　宮　本　弘　明

発行所　株式会社　財経詳報社

〒103-0013　東京都中央区日本橋人形町1-7-10
電　話　03（3661）5266(代)
ＦＡＸ　03（3661）5268
http://www.zaik.jp
振替口座　00170-8-26500

落丁・乱丁はお取り替えいたします。
印刷・製本　図書印刷

ISBN　978-4-88177-432-8